Eva-Maria Zurhorst

ida

GOLDMANN
Lesen erleben

Buch

ida steht für ein einzigartiges Selbstentwicklungsprogramm, mit dem wir die Dinge in unserem Leben ohne fremde Hilfe in Ordnung bringen können. Eva-Maria Zurhorst hat mit Hilfe von *ida* ihr eigenes Leben geheilt und aus ihren Erfahrungen ein alltagserprobtes Arbeits- und Hörprogramm zusammengestellt. Mit Hilfe des *ida*-Prozesses können wir die Lösungen, die wir suchen, in uns selbst finden – ganz egal ob es um Beziehung, Beruf, Kreativität geht oder um Ruhe und Lebendigkeit. Das Programm ist leicht zu handhaben und lässt sich harmonisch in den Alltag integrieren. Wer sich auf die spannende Reise zu *ida* macht, wird entdecken, dass wir alles in uns haben, was wir brauchen, um unser Leben zu entfalten.

Autorin

Eva-Maria Zurhorst ist Deutschlands bekannteste Beziehungsberaterin und Bestsellerautorin. Sie war ursprünglich als Journalistin tätig, u. a. in Südafrika und Ägypten, und wechselte später als Kommunikationsberaterin in die Wirtschaft. Heute arbeitet sie, nach einer psychotherapeutischen Zusatzausbildung, mit ihrem Mann Wolfram als Beziehungs- und Karriere-Coach. Ihre Bücher wurden weltweit in 17 Sprachen übersetzt.

Weitere Informationen unter www.zurhorstundzurhorst.com

Von Eva-Maria und Wolfram Zurhorst sind bei Arkana und Goldmann außerdem erschienen:

Liebe dich selbst und es ist egal, wen du heiratest (TB 21903, Hörbuch 33934, Praxis-CD 33910)

Liebe dich selbst und freu dich auf die nächste Krise (TB 21969, Hörbuch 33935)

Liebe dich selbst und entdecke, was dich stark macht (TB 22022, Hörbuch 33972)

Liebe dich selbst – sich selbst annehmen und dadurch die Liebe zu anderen entdecken (CD 33926)

Liebe dich selbst, auch wenn du deinen Job verlierst (HC 33861)

Liebe dich selbst – live (CD 33861)

Von Eva-Maria Zurhorst:

Soul Sex (HC 34163)

Eva-Maria Zurhorst

ida

DIE LÖSUNG LIEGT IN DIR

GOLDMANN

Dieses Buch enthält die Auffassungen und Ideen der Autorin. Es bietet hilfreiche und aufschlussreiche Informationen zu den Themen, die darin angesprochen werden. Es dient nicht dazu, gesundheitliche Störungen oder andere ernsthafte persönliche Probleme zu diagnostizieren oder zu behandeln. Autorin und Verlag übernehmen keinerlei Haftung für Schäden irgendwelcher Art, die sich direkt oder indirekt aus dem Gebrauch der Inhalte dieses Buchs ergeben.

MIX
Papier aus verantwortungsvollen Quellen
FSC® C014496

Verlagsgruppe Random House FSC® N001967
Das für dieses Buch verwendete
FSC®-zertifizierte Papier *Super Snowbright*
liefert Hellefoss AS, Hokksund, Norwegen.

1. Auflage
Vollständige Taschenbuchausgabe Oktober 2015

Umschlaggestaltung: UNO Werbeagentur, München
Umschlagmotiv: FinePic©
Lektorat: Claudia Göbel
CC · Herstellung: cb
Satz: Barbara Rabus
CD: Text und Sprecherin: Eva-Maria Zurhorst
Musik und zusätzliche Trommelstücke: Bruce Werber und Claudia Fried
Druck und Bindung: GGP Media GmbH, Pößneck
Printed in Germany
ISBN 978-3-442-22122-6

www.goldmann-verlag.de

Für Natalia und Eckhart T.

Ich wurde nicht frei, als ich tat, was ich wollte,
sondern als ich wurde, was ich bin.

Ich danke Orin und Daben für ihre Führung,
Gerhard für seine Geduld,
Usha Swamy für ihr weibliches Verstehen
und meinem großartigen Mann
für alles und das, was noch kommt.

Und ich danke dem Meer, der kraftvollen Insel Rügen
und dem Team vom Hotel Meersinn dafür,
dass ich meinen Schreibprozess so wohl umsorgt,
gesund genährt und geschützt wie nie erleben durfte.

INHALT

DIE LÖSUNG LIEGT IN IHNEN

Sie können die Suche einstellen. Alles, was Sie brauchen, finden Sie in sich. Dieses Buch führt Sie systematisch zu den Antworten, die Sie suchen. Zu den Lösungen, die Sie brauchen. Und zu der Weiterentwicklung und Öffnung, Heilung und Verbundenheit, nach der Sie sich sehnen. Egal, ob es sich um Ihre Beziehung, Ihren Beruf oder Ihre Gesundheit handelt: In Ihnen gibt es eine Kraft, die für Klärung sorgen kann.

Wie Sie sich mit dieser Kraft verbinden und sich für Ihr Potenzial öffnen, vermitteln Ihnen die Übungen in diesem Buch und auf den beiden CDs. Sie führen Sie durch eine persönliche Wandlung und einen Entwicklungsprozess, aus dem Sie mit neuen Einsichten, mehr Energie, Klarheit und innerer Balance, mehr Ruhe, Gelassenheit, innerer Verbundenheit und einem gestärkten Selbstwertgefühl hervorgehen. Und vor allem:

Sie werden dabei *ida* kennenlernen.
Die größte Kraft, die ich in meinem Leben
je erlebt habe.

Ich schreibe dieses Buch für alle Menschen, die nach einem Instrument suchen, das ihr Leben nachhaltig verändern kann. Und für alle, die meinen Mann und mich in den letzten Jahren gefragt haben, wie sie ihr Leben und ihre Beziehungen verbessern und zu innerem Frieden finden können. Mit den CDs bietet es Ihnen ein Übungsprogramm, das Sie in Ihrem Alltag umsetzen können – in Ihrer Beziehung, Ihrem Beruf, Ihrem Körper und vor allem in Ihrem Herzen. Denn Sie selbst sind der einzige Mensch, der Ihr Leben wirklich wandeln kann.

Deswegen trage ich hier alles Wichtige aus unserer bisherigen Arbeit zusammen, um Ihnen ein machtvolles Werkzeug an die Hand zu geben, mit dem Sie wieder Herr über Ihr Leben werden. Es ist ein Transformationsprogramm, das Sie mühelos allein anwenden können.

Vielleicht haben Sie ja schon das eine oder andere unserer *Liebe dich selbst*-Bücher gelesen. Oder Sie haben sich aus anderen Quellen Wissen über persönliche Entwicklung angeeignet. Hier lernen Sie, wie Sie dieses Wissen konkret in Ihrem Leben umsetzen können. Alle Übungen, die Sie hier finden, praktizieren mein Mann und ich regelmäßig selbst – vieles davon täglich. Mein persönliches Fazit: Nicht unser Wissen, sondern diese Praxis hat unser Leben so in Bewegung und »in seine Kraft« gebracht.

Ich bin von ganzem Herzen dankbar für diesen Prozess. Er beschert mir nicht nur inneren Frieden, Verbundenheit und Ruhe – nichts sonst hat bisher für solch fundamentale Veränderungen in meinem Leben gesorgt. Ich wüsste keinen größeren Schatz, den ich an Sie weitergeben könnte. Und mit diesem Prozess schenke ich Ihnen sein Geheimnis: ida.

WER IST IDA?

Sie fragen sich, wer ida ist? Ich frage Sie zuerst: Wer sind Sie? Sie sind größer und freier, als Sie denken. In Ihnen schlummert so unendlich viel mehr, als Sie auch nur erahnen.

Vielleicht taucht bei diesen Sätzen sofort Widerstand in Ihnen auf. Denn möglicherweise haben Sie dieses Buch gerade deshalb in der Hand, weil nicht alles in Ihrem Leben so rund läuft, wie Sie es gerne hätten. Weil Umstände, Ängste oder Schmerzen Sie davon abhalten zu leben, wie Sie leben möchten.

Sie haben schon viel versucht und verstehen nicht, warum sich nichts ändert. Warum die Widerstände in Ihrem Körper, im Beruf, in Ihrer Familie oder Partnerschaft sich nicht lösen, sondern sich vielleicht sogar weiter verfestigen. Warum in Ihrem Leben vielleicht viel los ist, Sie sich aber trotzdem nicht erfüllt fühlen. Warum Sie irgendwie müde und gleichzeitig ruhelos sind.

Viele Menschen lesen meine Bücher, weil sie Probleme in

ihren Beziehungen, in ihrem Job und/oder in ihrem Gefühlsleben haben. Weil sie sich ausgebrannt und in einer Sackgasse fühlen. Weil sie alles geben, aber trotzdem nicht bekommen, wonach sie sich sehnen. Weil irgendetwas fehlt.

Manche kommen zu mir und möchten gerne wissen, was in ihrem Leben fehlt. Und wie sie es bekommen. Je länger ich mich mit dieser Frage beschäftige, desto kürzer wird die Antwort. Sie heißt im Kern: Lernen Sie das Sein. Hören Sie auf, da draußen zu suchen. Hören Sie auf, um Erfolg und Anerkennung zu kämpfen. Machen Sie sich locker. Setzen Sie sich hin, atmen Sie durch und lernen Sie, still zu werden, sich nach innen zu wenden und bewusst und achtsam in diesem Moment anzukommen.

Genau hier entfaltet sich alles, was Sie suchen. Nur von hier aus lässt sich wahre Freiheit über Ihr Leben gewinnen. In Ihrem Inneren finden Sie die Antworten, finden Lösungen und Erfüllung. Hier eröffnet sich Ihnen eine Kraftquelle jenseits Ihres engen Alltagsbewusstseins, aus der Ihnen alles zufließen kann, wonach Sie suchen. Hier können Sie entdecken, welches enorme Wandlungs- und Heilungspotenzial in Ihnen steckt, das Sie bisher stets außerhalb Ihrer selbst gewähnt haben oder für unerreichbar hielten.

Sie werden sich im Laufe dieses Buches und der Übungen wahrscheinlich manchmal wundern, wie mühelos, entspannt und jenseits aller Betriebsamkeit Wandel und Entwicklung tatsächlich funktionieren. Dass sich das Leben nicht etwa leer und langweilig anfühlt, wenn man still wird und sich nach innen wendet, sondern lebendiger und voller. Tatsächlich ist es ein genauso schlichter wie geheimnisvoller Prozess, den ich Ihnen hier nahebringen möchte: Je weniger Sie tun und je mehr Sie sich nach innen öffnen, desto klarer eröffnet sich Ihnen ein inneres Kraftfeld: Ihr Sein mit seinem unbegrenzten Potenzial.

Je mehr Sie sich entspannen, desto leichter fließt Ihnen dieses Potenzial zu. Je öfter und tiefer Sie sich nach innen begeben, desto mehr Halt, Fülle und Klarheit werden Sie in sich finden. Und je mehr Sie dabei lernen, von den äußeren Umständen loszulassen und sich stattdessen innerlich auszurichten, desto *eigen*mächtiger werden Sie sich erleben und desto mehr werden sich Ihre Lebensumstände ganz natürlich ordnen und heilen können. Sie werden das Sein als Ihr Fundament und als die wahre Transformationskraft in Ihrem Leben entdecken.

»Still werden und sein? Das löst mein Problem nicht. Ich suche nach konkreten Lösungen und nicht nach Sein«, sagt eine Stimme in Ihnen. Sein heißt nicht herumhängen. Auch nicht dösen. Sein ist ein hellwacher und präsenter Zustand, ein unendlich reicher, kraftvoller und kostbarer Lebensmodus, der in dieser Welt allerdings weitgehend ausgestorben ist. Es gibt nur wenige Vorbilder, bei denen man dieses lebendige, erfüllende, faszinierende und für alle bedeutenden Bereiche überaus heilsame Sein lernen könnte.

Ich habe vor vielen Jahren eine Lehrerin gefunden, die im Sein ihr Zuhause hat und von der ich mich unterweisen ließ. Ich muss ehrlich sein: Sie tat es immer wieder gegen meinen Willen. Ich hatte zwar viel über diesen Zustand und sein lebensveränderndes Potenzial gelesen. Um mich ihm wirklich hinzugeben, liebte ich allerdings zu sehr meine Rolle als Powerfrau und die scheinbare Freiheit des »Ich kann alles selbst machen«.

Aber ida, meine Lehrerin, war sehr geduldig und treu – allerdings auch unnachgiebig und beharrlich. Sie hat immer wieder still gewartet, wenn ich mich ins Machen verstrickt und schließlich irgendwann auf meiner angestrengten Suche nach Erfolg und Genugtuung selbst verloren hatte. Bis ich immer wieder aufs Neue die Leere hinter den Dingen und scheinbaren Erfolgen spüren musste. Bis ich wieder einmal erkennen musste, dass ich bei allem Tun und Erreichen nie wirklich fand, wonach ich mich sehnte. Dass mir kein Mensch die Sicherheit und Verbundenheit geben konnte, nach der ich für mich suchte. Erst dann war ich bereit, ihr zuzuhören und mich dem Sein zuzuwenden.

Immer wenn ich ida Raum gab, waren die Ergebnisse einfach so viel überzeugender, dass ich kapitulieren musste und mir klar wurde: Ich will meinen alten Weg nicht mehr weitergehen. Er macht mich kaputt. Er taugt nicht mehr für mein Herz, meine Seele, für mich und mein Leben.

Ich habe seitdem unendlich viel von ida gelernt. Ich verneige mich tief vor ihrer Weisheit und Liebe, mit denen sie mich zu mir zurückgebracht hat und weiter bringt. Ich habe große Achtung vor ihrer Konstanz und Kompromisslosigkeit.

Es gab einen Moment in meinem Leben mit ida, da habe ich versprochen weiterzugeben, was ich von ihr gelernt habe. Und ebenso unermüdlich und geduldig nach den passenden Wegen zu suchen, Sie zu erreichen, wie sie nach Wegen gesucht hat, mich zu erreichen und zu schulen.

Mit diesem Buch löse ich dieses Versprechen ein. Ich werde mein Bestes geben, um Ihnen idas Weisheit, ihr Wesen und ihr Geheimnis zu vermitteln. Auch wenn das für mich eine gewisse Herausforderung darstellt, weil Sie meine Lehrerin nirgendwo da draußen treffen können. Wenn Sie sie mit dem Verstand suchen, werden Sie sagen: Ida gibt es gar nicht. Wenn Sie sie mit den Augen suchen, werden Sie sie nicht sehen können. Aber wenn Sie ida erleben, wird das Ihr gesamtes Weltbild und Ihre Sicht auf Sie selbst grundlegend verändern.

Wer ist denn nun ida? Und wie finde ich sie?, fragen Sie.

Sie sind ida.

Um das zu entdecken und tatsächlich zu erleben, müssen Sie in sich still werden. Denn ida ist still. Wenn Sie ida finden wollen, müssen Sie Ihre Suche einstellen. Denn ida ist immer da. Sie ist Ihre Essenz, die Sie nirgendwo suchen müssen. Die sich Ihnen zeigt, sobald Sie lernen, sich ihr in Ihrem Inneren zuzuwenden. Die sich entfaltet und lebendig wird, sobald Sie das Leben im Sein lernen.

Das Leben im Sein lernen …? Sie haben keine Ahnung, was das bedeuten soll. Ihr Verstand kapituliert womöglich. Aber vielleicht geht es Ihnen ja trotzdem wie mir in den Anfängen mit ida: Alles schien auch für meinen Verstand eher unverständlich und diffus – aber im Kern fühlte es sich merkwürdig vertraut und anziehend an.

Und so las ich anfangs in Büchern, die sich mit dieser Dimension des Menschseins beschäftigten, manche Passagen dutzende Male, bis sie für meinen Verstand zugänglich wurden. Jedes Mal war es, als ob ich mich millimeterweise weiter in etwas Neues öffnen und meinen Geist kräftig dehnen müsste. Alles schien so einfach und doch so gänzlich anders als meine gewohnte Sicht auf die Dinge.

Und bis heute kann ich nur sagen: So verschlüsselt alle Beschreibungen auch manchmal wirken, so einfach ist es mit ida in der praktischen Erfahrung. Sobald Sie sich für ida öffnen, öffnet ida sich für Sie. Je weiter Sie sich innerlich für ida machen, umso stärker fließt sie in Ihr Leben ein. Ida ist zwar für das Auge unsichtbar. Aber sie ist in Ihnen lebendig. Sie ist reines Potenzial, das sich entfaltet, sobald jemand sich ihm achtsam und absichtsvoll zuwendet.

Ida kommt nur dann in Ihr Leben, wenn Sie ihr bewusst Raum dazu geben. Sie ist wie ein Radioprogramm, das nur hörbar wird, wenn Sie zum Empfänger werden und sich auf seine Frequenz einstellen. Nur durch Ihre bewusste Empfänglichkeit kann sich idas unendliche Weisheit entfalten, kann Heilung und Transformation geschehen. In diesen kostbaren Momenten, in denen es Ihnen gelingt, wirklich still zu werden, loszulassen, über sich hinauszugehen und sich ganz hinzugeben, versteht sie sich sogar auf Wunder.

Ida ist Ihr Wesen, genauso wie meines. Ida ist alles, was Sie für ein erfüllendes Leben brauchen. Ida ist reines Potenzial, die pure, unendliche Fülle aller Möglichkeiten. Ida trägt alle Antworten in sich, nach denen Sie gesucht, und alle Liebe, nach der Sie sich gesehnt haben. Ida ist ein unendlicher Entfaltungsraum, aus dem Sie alles schöpfen können, wonach Sie suchen – vorausgesetzt, Sie wissen, wie dieser Raum funktioniert und wie man sich in ihm bewegt. Ida bedeutet:

inside deep all

Das heißt: innen, tief, alles. Tief in dir findest du alles, was du brauchst. Das ist im Kern idas Weisheit und Lehre zugleich. Und der schlichteste und zugleich großartigste Selbstentwicklungs- und Heilungsprozess, den ich kenne.

Zum Glück bin ich mit dieser Überzeugung nicht allein. Dass diese unsichtbare Dimension in uns Menschen existiert und dass ihr große Transformationskraft innewohnt, darin sind sich die Weisheitslehrer und die modernen Wissenschaftsdisziplinen wie Quantenphysik, Neurobiologie oder Verhaltensmedizin immer stärker einig. Unterschiedlichste Forschungen zeigen, dass wir keine getrennten Wesen auf zwei Beinen sind, sondern lebendige, interaktive Informationsfelder, in denen sich Körper, Geist und Umwelt ständig gegenseitig beeinflussen und eine untrennbare schöpferische Einheit bilden.

Alle Ebenen, Organe und Zellen innerhalb unseres Organismus stehen in einem ständigen Informationsaustausch. Und mehr noch: Unser ganzer Organismus ist eingewoben in ein universelles, multidimensionales Wissensfeld, in dem wir wie Membranen funktionieren und weit über unsere physischen, genetischen und persönlichen Begrenzungen hinaus Informationen aussenden und empfangen.

Dieses umfassendere Selbstverständnis ist wichtig, wenn Sie sich für ida öffnen und mit ihrer Hilfe Veränderung in Ihr Leben bringen wollen. Öffnen Sie sich für ida, und Sie öffnen sich für ein universelles Informations-, Wissens- und Heilungsfeld jenseits Ihrer persönlichen bewussten Möglichkeiten. Es kann für Verschiebungen und neue Verknüpfungen in Ihrem gesamten inneren System sorgen und zu einer tiefgreifenden Wandlung auf allen Ebenen Ihres Lebens und in Ihrem Organismus führen.

Mit ida entfalten sich komplexe Lösungswege, auf die Ihr linearer Verstand gar nicht käme. Mit ihr werden Sie erleben, wovon die Wissenschaftler und Weisheitslehrer sprechen, wenn sie sagen: Wir sind keine voneinander getrennten Wesen. Alles in Ihnen sendet und empfängt permanent Informationen. Sie sind eingewoben in ein wissendes, lebendiges World Wide Web, das Sie für sich nutzen können. Und das nicht nur über jede räumliche Begrenzung hinausgeht, sondern auch über jede zeitliche.

Wenn Sie sich mit idas Hilfe von alten, überholten Programmen, Ängsten und Verletzungen befreien, werden Sie entdecken, dass auch die Grenzen zwischen Vergangenheit, Gegenwart und Zukunft fließend sind. Ihre Vergangenheit wirkt ständig in Ihre gegenwärtigen Erfahrungen und Handlungen hinein – und beeinflusst damit wiederum Ihre Zukunft.

Sind Sie noch nicht im Sein verwurzelt, sind Sie ständig sehr subtil in Zeit und Raum eingewoben und unzähligen Einflüssen ausgesetzt. Ihre familiären Prägungen, Konditionierungen und Glaubenssysteme und Ihre im Laufe des Lebens angesammelten Denkweisen wirken alle ständig auf Ihr Verhalten und auf Ihren Körper ein. Sie beeinflussen damit erheblich Ihre Gesundheit, Ihre innere Balance und Ihren Umgang mit Beruf und Beziehungen. Umgekehrt sorgen Beziehungsprobleme, Druck, Ärger im Job oder Geldsorgen für Stress in Ihrem Organismus.

Auch wenn unser aller Selbstverständnis eher das eines abgetrennten, selbstbestimmten Individuums ist, so sind wir doch eher wie Bühnen, auf denen sich Umwelt und Vergangenheit abspielen. Werden Sie zum Beispiel in einer scheinbar harmlosen Situation unruhig oder ängstlich, kann der Auslöser für Ihre Unruhe tatsächlich von einem Menschen in Ihrer Umgebung ausgehen, der gerade starke unbewusste Gefühle hat, die in Ihr Informationsfeld wie eine Art Störfrequenz hineinreichen. Der Auslöser kann aber auch aus vergangenen, in den Tiefen Ihres Unterbewusstseins gespeicherten Erfahrungen herrühren und lediglich erneut durch die aktuelle Begebenheit aktiviert werden, die an eine ehemalige Erfahrung erinnert.

Trotzdem besteht jetzt kein Grund dazu, Ihr festes, eher begrenztes und scheinbar sicheres altes Selbstverständnis entsetzt gegen die Vorstellung einzutauschen, Sie seien ja nur ein Spielball, der von Vergangenheit und Umwelt beliebig hin und her geschubst wird. Ihre multidimensionale und universelle Verwobenheit, die in Wahrheit Ihr Sein ist, bietet mit wachsender Bewusstheit unbegrenzte Möglichkeiten, Ihr Leben zu transformieren und es auf eine ganz neue schöpferische Ebene zu heben.

Denn da Sie mit allem verbunden und innerlich auf allen Ebenen transparent und vernetzt sind, können Sie auch multidimensional Informationen senden und empfangen, um bewusst für Heilung und Veränderung zu sorgen. Alles wirkt in alle Richtungen aufeinander ein. Also auch Sie und ida.

Doch wie können Sie dieses kosmische Zusammenspiel jenseits von Zeit und Raum aktiv und gezielt für sich nutzen?

Wie komme ich in Kontakt mit ida?

Auch in diesem Punkt kommen die traditionellen Weisheitslehren und die modernen Wissenschaften zu den gleichen Ergebnissen: Unsere Verbindungen über zeitliche und räumliche Grenzen hinweg, unser Informationsaustausch mit unserer Umwelt und die Vernetzungen zwischen unseren inneren Ebenen – all das läuft über unseren sogenannten feinstofflichen Körper.

Wir Menschen haben jenseits unseres sichtbaren, physischen Körpers auch ein energetisches Körpersystem. Man kann diesen Körper weder sehen noch schmecken, riechen oder hören. Und doch hat die Energie, die sich durch ihn überträgt, eine starke Wirkung auf unser Leben.

Sich ida zuzuwenden heißt daher nicht nur, sich der eigenen Eingebundenheit in das größere Wissensfeld bewusst zu werden. Es bedeutet auch, sich über ein rein physisches Selbstverständnis hinaus zu öffnen für die feinstofflicheren mentalen und emotionalen Verbindungen im eigenen System.

Wenn Sie sich im Spiegel anschauen, sehen Sie meist nur Ihren physischen Körper. Sind Sie aber frisch verliebt oder fühlen sich einsam und verzweifelt wegen einer Beziehungskrise, findet diese Wahrnehmung im Emotionalkörper statt. Den können Sie genauso wenig sehen wie Ihren Mentalkörper, der dann aktiv ist, wenn Sie sich gerade an ein Kindheitserlebnis erinnern, sich den Kopf über eine neue Karrierestrategie zerbrechen oder sich im Geist Ihr Outfit für die abendliche Party zusammenstellen.

Aber auch wenn Sie nur einen von den drei Körpern sehen können, so haben doch die beiden unsichtbaren nicht weniger Bedeutung. Über Ihren Emotional- und Ihren Mentalkörper stehen Sie permanent mit Ihrer Umwelt im Austausch, während beide gleichzeitig fest mit Ihrem physischen Körper verwoben sind. Ihr physischer Körper ist der Ort, an dem Ihre Gedanken und Gefühle lebendig und sichtbar werden. Wenn Sie daran denken, dass Ihr Partner Sie nicht mehr liebt, kann Sie das traurig machen und dazu führen, dass Ihr Herz schmerzt und Sie den Kopf hängen lassen. Wenn sich Ihre Gedanken in Bewegung setzen, bewegt sich auch etwas in Ihren Emotionen und in Ihrem Körper. Es geht quasi eine Informationswelle durch Ihr gesamtes System, die sich nur auf unterschiedlichen Ebenen manifestiert.

Doch auch im Umgang mit dem äußeren Leben spielen unsere feinstofflichen Körper und unsere unsichtbaren Wahrnehmungen eine bedeutende Rolle. In unseren zwischenmenschlichen Beziehungen zum Beispiel erleben wir die Wirkungen der immateriellen Energien ständig im Alltag. Sie kennen Formulierungen wie: »Den kann ich nicht riechen«, »Das strahlt sie doch förmlich aus« oder »Das sieht man ihm an der Nasenspitze an«. Vielleicht haben Sie selbst schon erlebt, dass ein Mensch nur wortlos den Raum betreten musste und schon fühlten Sie sich zu ihm hingezogen – oder von ihm abgestoßen.

Zwischen uns Menschen spielt sich fast alles, was von Bedeutung ist, jenseits des Hör- und Sichtbaren ab. In Ihrem Kontakt mit anderen ist tatsächlich nur zu sieben Prozent ausschlaggebend, was Sie sagen. Der Rest, also über 90 Prozent Ihrer Kommunikation, läuft nonverbal auf subtileren Ebenen ab. Dieses Verhältnis sollten Sie sich vor Augen führen, wenn Sie mit Ihrem Partner, Ihrem Chef, Ihren Kunden, Ihren Eltern oder Kindern umgehen.

Den größten Einfluss in dieser »Softkommunikation« hat Ihre Körpersprache. Sie bestimmt zu mehr als 50 Prozent, wie Sie wirken und was Sie bewirken. Klang und Ausstrahlung Ihrer Stimme bestimmen immerhin zu mehr als einem Drittel über Ihre Wirkung auf andere. Das heißt, zu über 90 Prozent entscheiden so diffuse Dinge wie Klang, Ausstrahlung und Körperausdruck darüber, was von Ihnen bei anderen ankommt. Und was von anderen bei Ihnen ankommt.

Eine wirkungsvolle Ebene des Menschseins ist unsichtbar und feinstofflich, bestimmt aber maßgeblich über Ihr Befinden, Ihre Kommunikation, Ihr Selbstverständnis und Ihr Handeln. Dies zu verstehen ist nicht nur wichtig, um die Beziehungen zu anderen Menschen weiterzuentwickeln, sondern auch, um Zugang zu ida zu finden. Beides geht erheblich leichter, wenn Sie sich für die eher energetische Dimension Ihrer selbst öffnen.

Aber das ist kein Hexenwerk. Es braucht nur ein verändertes Selbstverständnis. Stellen Sie sich einfach vor, Sie seien ein Handy auf zwei Beinen. Bisher haben Sie sich bei der Arbeit, beim Sport oder vor dem Spiegel vor allem mit Ihrem Körper und Ihren Verstandesfähigkeiten – mit der Hardware und ihren Funktionen – beschäftigt. Jetzt aber geht es darum zu verinnerlichen, dass ein Handy mehr als ein Gerät ist. Dass es – ohne Kabel – mit etwas anderem in Verbindung steht. Dass es komplex und weltweit vernetzt ist und selbst über große Entfernungen Informationen senden und empfangen kann.

Wenn Sie sich ida als lebendige Existenz in Ihrem System vorstellen, können Sie sich Ihre Existenz auch am Beispiel des elektrischen Stroms verdeutlichen, den wir alle tagtäglich nutzen. Auch der Strom ist seinem Wesen nach etwas Feinstoffliches. Die Vorstellung der Physiker von fließenden Elektronen ist nur ein Modell, und man kann nur seine elektromagnetischen Felder messen. Wenn man aber zwei Finger in eine Steckdose steckt, merkt man rasch, dass beim Strom zweifelsohne mächtige Kräfte am Werk sind. Genauso mächtige unsichtbare Kräfte sind auch zwischen Ihrem Handy und meinem am Werk, wenn wir über zwei Kontinente hinweg telefonieren. Oder wenn Sie frisch verliebt sind und Schmetterlinge im Bauch haben.

Auch die Medizin bezieht die energetische Ebene unseres Organismus immer mehr in ihre Betrachtungen ein. Vielleicht haben Sie bei einem Arzt oder einem Physiotherapeuten schon einmal eine menschliche »Landkarte« an der Wand hängen sehen. Sie zeigt einen Körper, der von unzähligen Bahnen durchzogen ist. Diese sogenannten Meridiane sind ein vernetztes System von Kanälen in unserem feinstofflichen Körper, über die dieser mit unserem physischen Körper in Verbindung steht. Die Bahnen sind zwar auf dem Seziertisch nicht zu finden. Die Existenz des ihnen zugrunde liegenden Energiesystems erkennen aber immer mehr Krankenkassen indirekt an, indem sie die Kosten für Akupunkturbehandlungen erstatten.

So unsichtbar die feinstofflichen Energien auch überall in unserem Leben wirken, so vielfältig und mächtig sind doch ihre Auswirkungen. Sie sind es auch, über die Sie den Zugang zu idas Welt in Ihrem Inneren finden. Deshalb geht es in diesem Prozess immer wieder darum, dass Sie lernen, die unsichtbaren, feineren Ebenen in sich wahrzunehmen. Keine Sorge, das hat nichts von Geisterbeschwörung oder Voodoo-Zauber. Man braucht auch keine besondere Begabung, sondern nur Offenheit und etwas Übung.

Um bewusst Kontakt zu diesen feineren Ebenen aufzunehmen, müssen Sie nicht die Finger in die Steckdose stecken. Sie werden auch nicht von unsichtbaren Kräften überwältigt. Sie sind eher aufgefordert, sich auf die feinstofflichen Impulse in Ihrem System und in Ihrer Umwelt einzulassen und einzustimmen. Ihr inneres System hat schon immer Botschaften ausgesendet. Nur haben Sie diese wahrscheinlich häufig überhört oder verdrängt. Jetzt lernen Sie, wie Sie sich ihnen wieder zuwenden und sie dekodieren können. Wie Sie sich tiefer und feiner in Ihr inneres System hinein öffnen.

Dabei hat jeder Mensch seinen eigenen Zugang zu seinem Inneren und seine eigene innere Sprache. Sie wissen, wie es ist, wenn Sie besagte Schmetterlinge im Bauch haben. Sie wissen, dass sich das wie Verliebtsein und nicht wie Bauchschmerzen anfühlt. Aber versuchen Sie einmal, mir nachvollziehbar zu erklären, wie sich Ihre Schmetterlinge im Bauch anfühlen und warum sie ein Zeichen für Verliebtheit sind …

Sie werden sehen, die Wahrnehmung der inneren Impulse wie auch der Möglichkeiten, sie zu nutzen, wird Ihnen umso klarer, je öfter Sie mit den Audio-Übungen auf den CDs arbeiten. Selbstverständlich können Sie sofort damit beginnen. Ich empfehle Ihnen aber, sich zunächst einzulesen. Für diese »Aufwärmphase« brauchen Sie ein wenig Vertrauen und Geduld. Damit sie nicht zu trocken und theoretisch wird, biete ich Ihnen hier immer wieder kurze Mini-ida-Übungen an, die Sie langsam in Kontakt mit dem größeren Prozess bringen. Spielen Sie damit. Nehmen Sie die Übungen, die Sie neugierig machen, und probieren Sie sie aus. Am besten tun Sie das regelmäßig. So lernen Sie, von außen nach innen immer müheloser umzuschalten, und bekommen langsam ein Gefühl für die feinstofflicheren Ebenen innerhalb Ihres Systems.

In meiner Hand ankommen

Schließen Sie die Augen. Atmen Sie tief ein und aus und nehmen Sie dabei wahr, wie sich Ihre rechte Hand anfühlt, ohne dass Sie sie in irgendeiner Weise berühren. Wie können Sie wahrnehmen, dass Ihre rechte Hand da ist? Wie fühlt sie sich von innen an? Wo enden ihre Konturen?

Machen Sie bewusst noch einen tiefen Atemzug und öffnen Sie langsam die Augen. Können Sie weiterhin Kontakt zu Ihrer rechten Hand halten? Sie weiterhin spüren? Wie ist es, wenn Sie in Kontakt mit dem Inneren Ihrer Hand bleiben und sich umschauen?

Schließen Sie die Augen wieder. Spüren Sie noch einmal nach. Können Sie ein Vibrieren oder ein Gefühl von Lebendigkeit wahrnehmen? Können Sie dem noch genauer nachspüren? Wenden Sie sich wieder Ihrem Atem zu und vertiefen Sie dann Ihre Aufmerksamkeit in die Hand hinein. Können Sie Unterschiede in unterschiedlichen Teilen der Hand wahrnehmen? Wie fühlt es sich in den Fingerspitzen an und wie im Handteller? Wandern Sie mit Ihrer Aufmerksamkeit einen Moment lang durch Ihre Hand. Vertiefen Sie dies an bestimmten Stellen und nehmen Sie wahr, was sich dadurch verändert.

Öffnen Sie schließlich langsam die Augen und kommen Sie wieder bewusst im Hier und Jetzt an.

Diese Übung ist eine kleine Wunderwaffe. Sie können sie wirklich überall und immer völlig unbemerkt machen. Sie dauert nur einige Augenblicke – wenn Sie den Spaß an der Sache entdeckt haben, gerne auch einige Minuten. Mit ein wenig Übung werden Sie sehen, wie sich Ihre innere Wahrnehmung verfeinert. Und wie Sie mit dieser Fokussierung nach innen mitten im Alltag schnell einmal auftanken können. Den eigenen Körper innerlich wahrzunehmen eignet sich perfekt dazu, aus einer Situation auszusteigen. Um kurz für Entspannung zu sorgen, für einige Augenblicke von der Welt da draußen loszulassen und bei sich anzukommen.

Diese Übung könnte Ihr kleines tägliches ida-Training werden. Es ist egal, welchen Körperteil Sie auswählen, um ihn von innen zu erspüren. Ihre Wahrnehmung für die energetische Ebene in Ihrem Körper zu schärfen ist hilfreich für den weiteren Prozess und für Ihre Sensibilität in der alltäglichen Kommunikation. Sie nehmen dadurch Ihre inneren Signale und auch die von anderen Menschen besser wahr. Und Sie stärken durch Ihre bewusste innere Aufmerksamkeit Ihre Gesundheit, wie wir später noch sehen werden.

Spielen Sie fürs Erste einfach herum: Probieren Sie die Übung in unterschiedlichen Situationen. Beschäftigen Sie sich mit unterschiedlichen Körperteilen. Breiten Sie Ihre Aufmerksamkeit im gesamten Körper aus. Nehmen Sie wahr, wie es Ihnen vor und nach der Übung geht. Und betrachten Sie sich beim Ausprobieren gelegentlich in dem Bewusstsein, ein

Handy auf zwei Beinen zu sein. Stellen Sie sich vor, dass die vibrierenden Energien in Ihrem Körper lebendige Informationsfrequenzen sind, die innerhalb Ihres gesamten Organismus Botschaften aufnehmen und weitertragen. Stellen Sie sich vor, dass dieses Vibrieren auch Informationen an Ihre Umwelt sendet. Denken Sie bewusst an jemanden, während Sie in Ihren Körper hineinspüren. Stellen Sie sich vor, dass es bei ihm »klingelt«. Dass auch Ihre Gedanken Informationen übertragen. Nehmen Sie wahr, wie sich Ihr Körpergefühl verändert, wenn sich Ihre Gedanken verändern. Gehen Sie auf Forschungsreise und studieren Sie, welche Gedanken welche Gefühle in Ihrem Körper aktivieren und wie diese Gefühle unsichtbare Informationen in Ihren Organismus und in Ihre Umwelt hinein ausstrahlen. Spüren Sie Ihren inneren Wahrnehmungen und Impulsen öfter nach. Spielen Sie einfach mit dieser neuen Realität. Dann sind Sie auf dem besten Weg, Ihren Geist zu lockern und sich für ida zu öffnen.

Nur Sie können Ihren Weg in die feinstoffliche Welt in Ihrem Inneren und zu ida finden. Das Sein ist ein Zustand von ungeahntem Potenzial, in dem Sie Frieden und Zugang zu der schöpferischen Kraft Ihres kreativen Bewusstseins finden können. Für welch ungeahnte Wandlung und Heilung dieser Zustand in Ihrem Leben sorgen kann – das können Sie nur erfahren und nicht erlesen. Deshalb ist dies kein Buch, das Sie intellektuell ergründen sollten.

Ich weiß noch, wie es mir erging, als ich zum ersten Mal

das Buch »Jetzt!« von Eckhart Tolle las. Ich verstand wenig. Aber ich las es und wusste, dass es etwas in mir wahrhaftig berührte, das lange darauf gewartet hat, wahrhaftig berührt zu werden. Ich wusste in jeder Zelle meines Körpers, dass dieses Buch mir eine neue Welt eröffnet.

Über die Jahre habe ich dieses und andere Bücher in Teilen dutzende und aberdutzende Male gelesen. Und mich in sie hinein »geweitet«. Wieder habe ich eine Passage gelesen und genau gewusst: Es stimmt, was da steht, aber ich finde noch keinen Zugang dazu. Dann habe ich das Buch wieder zugeklappt und in meinem Alltag weitergemacht, habe die Dinge innerlich gespürt und meine Wahrnehmung langsam vertieft. Bis irgendwann – oft unverhofft – eine innere Tür aufging und sich einen Spaltbreit zu ida hin öffnete.

Dieser Weg ist ein Reifungsprozess. Deswegen kann dieses Buch Ihnen nur Impulse geben und den Weg weisen. Aber seine Kraft können Sie leichter und unmittelbarer entdecken und erleben, wenn Sie sich auf sein Übungsprogramm und ein spielerisches Herumprobieren im Alltag einlassen. Seine Botschaft kann sich nur in Ihnen entfalten, wenn Sie sie in Ihr Herz, Ihr Tun und Ihr Leben hineinlassen.

Das Wunderbare daran ist: Es braucht keine Anstrengung. Dies ist kein Prozess des Könnens und Erreichens, sondern des Öffnens und Annehmens. Er ist sehr schlicht und extrem alltagstauglich. Sie haben die CDs immer als Helfer an Ihrer Seite und können die Übungen ohne großes Aufsehen einfach in

Ihren Tagesablauf integrieren und zu Hause genauso praktizieren wie auf Reisen oder am Arbeitsplatz. Und das so gut wie unsichtbar für Ihre Umwelt. Sie benötigen keine Instrumente, Medikamente oder Heiler, sondern allein Ihr kreatives Bewusstsein und einen Audioplayer.

Meiner Familie und mir hat dieser Prozess auf verblüffend zarte und unangestrengte Weise neue Dimensionen erschlossen und viele Türen in ein erfüllteres, friedvolleres und verbundeneres Leben geöffnet. Er hat mir die Lebendigkeit in der Stille gezeigt. Er hat mich die feine Wahrnehmungsfähigkeit meines Körpers in einer Tiefe erleben lassen, die ich nicht für möglich gehalten hätte. Er hat für mich erfahrbar gemacht, dass unser Herz in seinem unverletzten Kern nicht nur voller Liebe, sondern auch von unvorstellbarer Intelligenz ist. Es trägt alles in sich, um uns perfekt durch unser Leben zu steuern und um die Welt um uns herum wieder zu heilen.

Er hat mir außerdem gezeigt, dass wir alle mit Hilfe unseres Geistes Zugang zu einem größeren, universellen Bewusstseinsfeld haben – und damit zu Wissen, Weisheit und Heilkraft weit jenseits unserer persönlichen Grenzen. Ich habe immer wieder erleben dürfen: Wenn wir unseren Geist verstehen und nutzen lernen, haben wir immer und überall auch ohne Hardware Zugang zu einem World Wide Web.

Als ich anfing, Bekanntschaft mit ida zu machen, fehlten mir oft die Worte, um die unglaublichen Erfahrungen und meine Dankbarkeit zu beschreiben, mit der ich von einer Begegnung mit ihr ins Alltagsleben zurückkehrte. Ich hatte Angst, dass andere mich für verrückt halten, sich über mich lustig machen oder diese Art der inneren Arbeit anzweifeln könnten. So habe ich anfangs auch mit niemandem darüber gesprochen, um meinen heilsamen Prozess nicht unnötig Störungen auszusetzen.

Aber zum Glück gab es auch nichts, was hätte Aufsehen erregen können. Alles, was ich für meine ida-Übungen brauchte, waren ein ruhiger Platz, ein CD- oder MP3-Player und kleine Zeitfenster, in denen ich ungestört war. Dann musste ich nur noch meine Augen schließen, um innerlich still einen grundlegenden Wandel anzustoßen, der meine optimistischsten Erwartungen bei Weitem übertreffen sollte. Und so werde ich Ihnen in diesem Buch im Kern zeigen:

- wie Sie still, sehr präsent und auf neue Art empfänglich werden
- wie Sie sich von alten Begrenzungen, Glaubenssätzen, Prägungen und Ängsten befreien können, die Ihr wahres Wesen und Potenzial überlagern
- wie Sie wieder Zugang zu der unbegrenzten Intelligenz und Heilkraft Ihres Herzens finden können
- wie Sie die ebenso unbegrenzte Schöpferkraft Ihres Bewusstseins und damit das Potenzial in Ihrem Inneren anzapfen können.

Das Herz des Ganzen – ist aber das CD–Übungsprogramm mit seinen geführten Meditationen und Visualisierungen. Es ist so einfach zu handhaben, dass Sie vielleicht erst einmal gar nicht glauben können, dass es tatsächlich so tiefe Veränderungen in Gang setzen kann. Aber es ist so. Alles, was Sie tun müssen, ist: Kopfhörer aufsetzen, Augen zu, entspannen und regelmäßig hören.

Die Übungen führen Sie in tiefere Regionen Ihres Bewusstseins. Mit ihnen bekommen Sie ein kraftvolles und doch unspektakuläres Werkzeug an die Hand, das Sie ermächtigt, aus sich selbst heraus für Wandel und Lösung zu sorgen, wenn Sie:

- Lebensbereiche neu ausrichten wollen oder müssen
- nach vertrauenswürdigen, echten Antworten suchen
- ungesunde, negative Gewohnheiten überwinden wollen
- sich mehr Erfüllung in Ihrer Beziehung wünschen
- zu mehr Klarheit für den nächsten Schritt in Ihre Beziehung hinein oder aus ihr heraus finden möchten
- nicht wissen, wie Sie Ruhe und Gelassenheit finden können
- sich nach mehr Lebensfreude und Zufriedenheit sehnen
- sich oft müde und erschöpft fühlen

- neugierig auf sich selbst sind und wissen möchten, was denn noch alles in Ihnen schlummert
- sich nach mehr Kreativität und neuen Impulsen sehnen
- den Ruf Ihres Herzens klarer hören möchten und Ermutigung dazu brauchen, ihm zu folgen
- mehr Halt und Frieden in Ihre Familie und zu Ihren Kindern bringen wollen.

Gibt es einen dieser Wünsche in Ihnen? Dann nutzen Sie seine Antriebskraft, um eine Reise anzutreten, die Ihr Leben verändern kann. Eine Reise, die Sie an innere Orte führt, an denen Sie vielleicht noch nie waren. Sie bringt Sie näher zu Ihrem Herzen und in Kontakt mit Ihrer Seele und den universellen Ressourcen und ist so faszinierend und geheimnisvoll, weil sie im Stillen vollzogen wird.

Es gibt keine Koffer zu packen, keine Züge oder Flugzeuge zu besteigen. Sie bleiben äußerlich da, wo Sie sind, und leben Ihr Leben als Mutter, Angestellte, gekündigte Mitarbeiterin, Geschäftsfrau, Single, Vielflieger, Unternehmer, Jogger, verlassene Partnerin, gefrusteter Ehemann, beruflicher Umsteiger oder einfach als neugieriger, entwicklungsfreudiger Mensch. Alles, was von nun an anders an Ihrem Leben ist: Sie richten es von innen neu aus.

Wie soll das gehen – ein Leben mit ida?

Der Prozess ist leicht, aber von großer Wirkung. Er hat das Potenzial, Ihr ganzes Leben zu verändern. Auf die Weisheit in seinem Kern beziehen sich seit Jahrtausenden alle großen Lehren dieser Welt. Und doch nutzen ihn bisher nur wenige Menschen aktiv für sich im Alltag.

Das größte Hindernis dabei, den Prozess wirklich Früchte tragen zu lassen, ist nicht, dass er schwierig wäre. Oder dass man für ihn besondere Fähigkeiten oder spezielles Wissen besitzen müsste. Das größte Hindernis sind Vorurteile und fixe Vorstellungen. Deshalb müssen Sie sich auch nicht fragen, ob Sie diesen Prozess durchlaufen können oder nicht. Sie sollten sich nur fragen, ob Sie bereit sind, sich für ihn zu öffnen.

Wenn ich von inneren Übungen spreche, fallen Ihnen vielleicht Menschen im Schneidersitz ein, die vorbildlich bemüht sind, an nichts zu denken, die Sie aber so gar nicht attraktiv finden können. Meditation … langweilig … Räucherstäbchen … Selbstfindungstrip … – was auch immer Verdrießliches Ihnen bei solchen inneren Übungen bisher in den Sinn gekommen ist: Vergessen Sie es! Ida ist cool. Sie gibt nichts auf irgendein spirituelles Regelwerk. Sie hat kein heiliges Pflichtenheft, braucht keine Altäre, besondere Haltungen und Gewänder. Ida ist das freieste Wesen, das ich kenne.

Sie ist wahrscheinlich cooler und freier als all jene, die

Vorurteile gegen die innere Welt des Menschen hegen. Mit ida geht es immer um das Jetzt und um lebendige Erfahrungen. Wenn Sie im Verlauf des Prozesses lernen, wieder richtig satt im Augenblick zu landen, werden Sie entspannt feststellen können, dass eine Begegnung mit ida unzählige Formen annehmen kann. Dass wirklich bei sich selbst anzukommen nicht zwangsläufig bedeutet, dass Sie in einer bestimmten Haltung endlos lang still sitzen müssen. Sie werden erleben, dass lockere Bewegung manchmal mindestens so hilfreich sein kann wie stille Einkehr.

Eine Begegnung mit ida kann heiter sein, sie kann Sie tief entspannen und Ihr Herz öffnen. Sie kann Ihnen einfach nur Spaß machen und Sie mit Leichtigkeit wie aus dem Nichts auf völlig neue Ideen bringen. Sie kann nur fünf Minuten dauern und Ihnen beim Spülen, Autofahren oder Joggen Freude, Hoffnung oder eine geniale Lösung bescheren.

Ida kann ganz sanft und still sein oder Sie tief nach innen führen – manchmal zu verborgenem Schmerz oder in unendliche Weiten. Oder sie kann so berauschend und glückbringend sein, dass Sie nicht mehr damit aufhören wollen. Eine nährende, beruhigende, kräftigende oder ermutigende Begegnung mit ida gelingt aber auch, wenn Sie gerade im Postamt oder am Flughafen in der Schlange warten. Oder Sie liegen in der Badewanne, sitzen im Sessel und sind einfach im Hier und Jetzt – in diesem Moment. Jede dieser Situationen bietet Ihnen die Chance, mit sich in Kontakt zu gehen. Jede bietet

Raum für eine kleine innere Entdeckungsreise, zum Beispiel in Ihrem Körper. Der Körper liebt es, wenn Sie sich ihm zuwenden und ihm Aufmerksamkeit schenken.

mini *ida*

Das eigene Zuhause finden

Nehmen Sie ein, zwei tiefe Atemzüge und spüren Sie in Ihren Körper hinein. Stellen Sie sich die Frage: Wo finde ich in meinem Körper einen Platz, der sich wie mein Zuhause anfühlt? Spüren Sie dem nach. Reisen Sie mit Ihrer Wahrnehmung durch den Körper. Wo ist meine innere Heimstatt? Vielleicht tief in den Füßen? Im warmen Bauch? Bin ich geborgen im Becken?

Lassen Sie sich von einem Ort in Ihrem Körper anziehen. Wo landen Sie? Wenn Sie ein Zuhause gefunden haben, vertiefen Sie Ihre Wahrnehmung. Wie fühlt es sich dort an? Wie geht es Ihnen an diesem Platz? Bleiben Sie einen Moment da und vertiefen Sie sich in diese Verbindung. Genießen Sie Ihr inneres Zuhause.

Falls es nicht auf Anhieb klappt, geben Sie nicht gleich auf. Wenn Sie diese Übung öfter machen, haben Sie irgendwann Ihr festes Zuhause im Körper. Hier können Sie sich verankern, wenn es draußen unruhig wird. Irgendwann braucht es nur ein paar Sekunden und schon sind Sie an Ihrem ruhigen Ort und können von dort Kontakt zu ida aufnehmen – egal, was draußen los ist.

Ida können Sie allein treffen, aber auch zu zweit oder in der ganzen Familie. Sie begegnet Ihnen im Büro, auf der Toilette, im Zug oder auch im Flugzeug. Im Stehen, Sitzen, Liegen oder Gehen. Vor dem Einschlafen oder nach dem Aufwachen. Ida existiert am Strand, beim Schwimmen oder Tanzen. Ihr Körper liebt es, sich beim Tanzen frei zu bewegen (auch, wenn Sie ein Mann sind oder Ihr Kopf Vorurteile gegen das Tanzen hat). Er liebt es, all die aufgestauten Spannungen und Energien loszulassen und einfach mal jedes Gelenk, jeden Muskel, jede Sehne unbehelligt und frei von der Kopf-Steuerung zu bewegen. Gefühle wollen fließen. Das ist ihr bevorzugter Zustand.

Musik versetzt beides – Körper und Gefühle – in Bewegung. Sie ist das ideale Mittel, um über Ihren physischen auch den feinstofflichen Körper in Fluss zu bringen, einfach weil Musik selbst feinstofflich ist und durch den Klang komplexe Informationen aussendet, die unmittelbar Ihr ganzes System erreichen. Eine musikalische Sequenz kann in Sekunden mehr in Ihrem inneren System in Bewegung bringen als jede verstandesmäßige Information.

Tanzen geht immer und überall

Legen Sie Musik auf und lassen Sie die Musik Ihren Körper in Bewegung bringen. Damit geht eine innere Bewegung einher und sorgt für ein Loslassen auf allen Ebenen. Vorausgesetzt, Sie tanzen ohne Ziel und ohne Schrittkombination und lassen langsam Ihre Gedanken los. Wählen Sie eine Musik aus, die Ihnen gefällt. Und suchen Sie sich einen Platz, der mindestens so groß ist, dass Sie sich dort mit ausgebreiteten Armen um die eigene Achse drehen können. Schließen Sie die Augen und spüren Sie der Musik erst einmal mit leichten Bewegungen innerlich nach.

Auch wenn die Musik schnell ist, verankern Sie sich am Anfang zunächst in Ruhe mit Ihrer Wahrnehmung in Ihrem Körper und spüren mit Ihren Bewegungen dem Rhythmus nach. Fühlen Sie ihn in Ihrem Körper: in den Füßen, im Becken und im Bauch. Wenn Sie ihn gut fühlen können, spüren Sie den inneren Impulsen Ihres Körpers nach: Wo und wie möchte er sich gerne bewegen? Gehen Sie dem nach. Lassen Sie immer mehr Bewegung zu. Ganz so, wie es Ihnen guttut.

Vertiefen Sie sich immer wieder in Ihren Körper. Das hilft, aus dem Kopf herauszukommen, sich wirklich auf die Musik einzulassen und langsam tiefer in sich hineinzusinken, statt in automatisierten und eher mechanischen Bewegungen zu bleiben. Stellen Sie innerlich Kontakt zum Rhythmus und zur Stimmung der Musik her. Nehmen Sie jedes Mal neu wahr, wo Impulse auftauchen, welcher Körperteil sich zuerst bewegen will und wie. Vielleicht beginnen Sie an einem Tag ganz langsam. Vielleicht fühlen Sie sich am anderen wie ein Kind, das ausgelassen und wild durch die Gegend hüpfen möchte.

Am Anfang kann einem bei dieser Übung die Scham mehr im Wege stehen als die eingerosteten Glieder. Nehmen Sie solche hemmenden Gefühle wahr und erlauben Sie ihnen, da zu sein. Aber lassen Sie sich von ihnen nicht abhalten. Nehmen Sie ein paar tiefe Atemzüge und gehen Sie tiefer in Ihren Körper. Spüren Sie hier nach und dort. Fühlen Sie die Musik innerlich. Sie übergeben ihr die Führung. Hüpfen, Stampfen, Hüftenwackeln, Drehen, Rocken – alles ist gut, vorausgesetzt, Sie folgen Ihrem Körper und der Musik. Dann kann sich Stress lösen, und aufgestaute Gefühle können wieder freigesetzt werden. Entspannung und Loslassen können auf tieferen Ebenen stattfinden. Das öffnet den Weg für ida.

Sie finden es albern, zu Hause zu tanzen, und fragen sich, wozu das gut sein soll? Dann rufen Sie sich ins Bewusstsein:

Willst du, dass sich dein Leben verändert,
dann verändere dein Leben.

Diesen Satz gebe ich oft Menschen mit, die zu mir kommen und mich um Rat bitten, die aber gleichzeitig sehr an ihrem gewohnten Lebensrahmen festhalten. Wenn Sie unzufrieden mit Ihrer Beziehung sind, festgefahren im Job oder körperlich angeschlagen, dann ist es wichtig, dass Sie Ihren Alltag umkrempeln. Wenn Sie sich lebendiger fühlen wollen, müssen Sie innerlich und äußerlich etwas Bewegung in Ihr Leben bringen. Ist Ihnen Ihre Beziehung oder Ihr Leben zu eng geworden, dann wird es Zeit, über die gewohnten eigenen Grenzen hinauszugehen. Ihr Leben braucht Entwicklung, sonst erstarrt es.

Einsichten sind gut. Aber durch Einsichten allein verändert sich nichts. Sie nützen nur etwas, wenn Sie sie auch umsetzen. Dazu möchte ich Ihnen eine Weisheit von Konfuzius ans Herz legen:

Wenn du ständig glücklich sein willst,
dann sei bereit, dich ständig zu verändern.

Ihr Leben braucht Entwicklung, sonst erstarrt es. Wenn Sie in einem Bereich feststecken oder unzufrieden sind, dann braucht es Bewegung und konkrete Veränderungen. Dann geht es darum, dass Sie mal was Neues ausprobieren. Sich über alte Grenzen hinwegwagen. Deswegen möchte ich Sie in diesem Buch immer wieder motivieren, kleine Dinge in Ihr Alltagsleben zu integrieren oder alte Gewohnheiten in Frage zu stellen.

Machen Sie sich das ziellose Tanzen so zur Gewohnheit wie das Zähneputzen. Ein paar Minuten freie Bewegung schafft Raum und bringt Sie zu sich selbst zurück. Indem Sie lernen, Ihrem Körper zuzuhören und Ihren Gefühlen spielerisch Ausdruck zu verleihen, werden Sie flexibler und weicher in Ihren Gedanken. Und da in unserem inneren System alles mit allem verbunden ist, tut Tanzen auch dem Kopf gut. Wenn Sie lernen, Ihren Körper beim entspannten, ziellosen Tanzen von der Musik führen zu lassen, können Sie auch im Geist besser loslassen.

Erlauben Sie sich mehr und mehr, sich einfach auf die Bewegungen einzulassen, die Ihrem Körper entspringen. Dann fällt der Alltagsdruck langsam von Ihnen ab, und Spannungen können sich körperlich genauso wie seelisch lösen. Und damit entsteht Raum für ida. Sie liebt es, in den Schwingungen der Musik zu baden und sich auszubreiten. Freie, losgelöste Bewegung zu Musik ist eine ihrer bevorzugten aktiven Beschäftigungen, erst recht, wenn Sie Musik wählen, die Sie in die richtige Stimmung bringt und Sie mit Ihrem Herzen in Kontakt kommen lässt.

Versuchen Sie, täglich fünf Minuten in Ihren Körper einzutauchen und bewusst alles loszulassen. Bewegen Sie sich frei zur Musik, ohne Kontrolle und vorgegebene Schritte. Morgens nach dem Aufstehen ist der Körper für Bewegung besonders dankbar. Alles in Ihnen wird wieder frei und lebendig. Abends vor dem Schlafengehen können Sie so den Tag hinter sich lassen. Wunderbar eignet sich die Übung auch nach Streit oder anderen frustrierenden Situationen, um der angesammelten Spannung gar nicht erst Raum zu geben, sich in Ihnen festzusetzen.

Sie sehen, es gibt unzählige Wege, ida zu begegnen, und sie zeigt sich auf vielfältige und spielerische Weise. Probieren Sie sie einfach als Geheimwaffe gegen Stress, Frust, Burn-out und ausgelaugte Beziehungen aus. Mehr als dass Sie plötzlich gelassener, lebendiger, klarer, entschlossener und kreativer sind, kann Ihnen nicht passieren.

Sie müssen sich auch nicht sorgen, dass Sie mit ida nun ein verschrobener Kauz werden, der ein nach innen gekehrtes Leben fristet. Wenn Sie sich wieder mehr für das unmittelbare Erleben im Augenblick öffnen und sich auf ida einlassen, wird das Leben mit ihr nicht nur freier und lebendiger. Es wirkt automatisch auch anziehender auf andere. Während Sie von innen bewusster und kraftvoller werden, strahlt diese neue Lebendigkeit und Balance – ohne jedes bewusste Zutun – auf alles, womit Sie in Berührung kommen, und die Menschen in Ihrem Umfeld ab.

Nach meinen zarten Anfängen damals allein und unbemerkt mit ida ist sie heute nicht nur die wichtigste Leitkraft in meinem Leben. Sie hat längst auch in meiner Familie ihren festen Platz gefunden. Keiner von uns will mehr ohne sie sein.

Kürzlich war ich auf Reisen, und mein Mann schrieb mir nach einer Begegnung mit ida eine kurze E-Mail: »Das ist einfach das Tollste überhaupt! Nach einer Viertelstunde bin ich wie ausgewechselt.« Meine Tochter steht mittlerweile sogar morgens vor der Schule früher auf, sitzt mit Kopfhörern gemütlich in ihrem Sessel und lauscht ida – so wie Sie es hier auch noch lernen werden. Und ich kann mir einen Tag ohne ida gar nicht mehr vorstellen – er wäre wie eine Hungerkur für Herz und Seele.

Natürlich können auch Kinder und Jugendliche spielerisch ihren Weg zu ida finden und mit ihr mehr Kraft und Ruhe in ihr Leben bringen. Viele der vorgestellten Übungen sind auch für sie geeignet. Lassen Sie jedes Familienmitglied einfach seinen eigenen Weg finden. Aber wissen Sie eines: Das oberste Gesetz, wenn Sie etwas an andere weitergeben wollen, lautet: Versuchen Sie nicht zu missionieren und das Glück anderer zu erzwingen. Bringen Sie ida zuerst in Ihr eigenes Leben. Wenn es bei Ihnen gut läuft, werden die anderen neugierig und offener.

In unserer Familie treffen sich alle regelmäßig irgendwo mit ida. Dass das niemand merken muss, schätzt vor allem unsere Tochter. Sie kann mit ihren Kopfhörern und ihrem MP3-Player unbemerkt zwischen all den anderen Teens mit ihren Kopfhörern und MP3-Playern bleiben. Wer weiß schon, dass sie manchmal ida lauscht und nicht Madonna hört.

Und auch Sie können ihr begegnen, ohne dass es jemand sieht. Stellen Sie sich vor, Sie sitzen in der U-Bahn und haben, wie viele andere, »Stöpselhörer« im Ohr. Bei Ihrem Gegenüber dröhnt es dumpf, neben Ihnen wippt jemand mit. Bei Ihnen ist nichts weiter los. Sie haben sich nur eine der Mini-idas oder mittlerweile vielleicht schon eine der Maxi-Versionen von einer der CDs »ans Ohr« geholt. Sie duseln mit halb oder ganz geschlossenen Augen, gucken ein Loch in die Luft, blicken Ihrem Gegenüber auf die Schuhe oder zum Fenster hinaus.

Die Leute denken, Sie dösen. Keiner ahnt, dass Sie gerade bei sich landen und still werden. Dass Sie gerade wohlig Ihren ganzen Körper spüren, auftanken, dankbar für Ihr Leben sind oder innerlich neue Visionen und berufliche Ziele entwickeln. Keiner sieht, wie Ihr Herz gerade hüpft, weil Sie es spürbar geschafft haben, von einer lähmenden Negativspirale in Ihren Gedanken loszulassen. Keiner weiß, dass Sie gerade für Entspannung und Lösung sorgen, da, wo es eben noch gezwickt und gezwackt hat. Dass Sie gerade den vor Ihnen liegenden Tag an Ihrem geistigen Auge vorüberziehen lassen.

Sich vorstellen, wie alles wie am Schnürchen läuft und Sie sich wohl fühlen.

Aber dann sehen Sie auf einmal, dass der fremde Mensch auf dem Sitz gegenüber Sie anlächelt. Einfach so … Nein, eben doch nicht einfach so. Er lächelt, weil Sie ein Lächeln gezeigt haben. Unbemerkt hat es sich auf Ihrem Gesicht ausgebreitet, während Sie die Kopfhörer im Ohr hatten. Sie hüpfen aus der Bahn. Der Tag kann beginnen.

Also? Wollen Sie der Undercover-Agent Ihres Herzens werden, der leise und unmerklich den Stress, den Alltagsfrust und die Beziehungsödnis besiegt und seinen überholten Autopiloten umprogrammiert? Wollen Sie das Risiko eingehen, dass Sie auf andere Menschen ansteckend und anziehend wirken, obwohl Sie äußerlich nichts dafür tun?

Dann vergessen Sie erst einmal alles, was Sie über Meditation, Visualisierung, Entspannungsübungen und innere Arbeit gedacht haben. Und begeben Sie sich nach innen, in Ihr neues Trainingslager.

Sie sind größer, als Sie denken

Benennen Sie Ihren größten Wunsch: Was ist es, das Sie gerade verändern wollen? Wonach sehnen Sie sich? Was fehlt Ihnen? Und sprechen Sie das Schlimmste aus: Wovor haben Sie die größte Angst? Was plagt Sie am meisten?

Wunschsamen einpflanzen

Nehmen Sie ein, zwei tiefe Atemzüge und schließen für einen Moment die Augen. Fühlen Sie, wo in Ihrem Körper Sie die Bewegung Ihres Atems wahrnehmen können.

Bleiben Sie mit Ihrer Aufmerksamkeit eine Weile an diesem Ort, verlagern Sie sie immer weiter nach innen und geben Sie der Frage Raum: Was ist mein größter Wunsch in diesem Moment? Grübeln Sie nicht so sehr, sondern öffnen Sie sich immer tiefer in Ihren Körper hinein. Spüren Sie in Ihrem Herzen nach. Was ist es, wonach Sie sich mit allen Zellen sehnen? Geben Sie sich Zeit und spüren, hören, schauen Sie mit Ihren inneren Sinnen, was auftaucht.

Vielleicht wirken die inneren Antworten erst einmal diffus. Vielleicht geht es um einen größeren Kontext, und Sie haben das Gefühl, gar keinen konkreten Wunsch benennen zu können. Das ist in Ordnung. Erkenntnisprozesse von innen wirken anfangs oft weniger klar und fokussiert als verstandesmäßige. Was auch immer in Ihnen hervortritt, ob ein Gefühl, eine Sehnsucht oder ein Bild: Kreisen Sie einfach ein, was sich zeigt. Filtern Sie die Essenz heraus und finden Sie einen Satz, der am ehesten Ihren Wunsch beschreibt.

Wie lautet Ihr Ziel? Am besten schreiben Sie es auf. So müssen Sie es wirklich aus sich heraus und auf den Punkt bringen. Ziele, die schwarz auf weiß vor Ihnen liegen, haben mehr Kraft als Gedanken.

Was haben Sie aufgeschrieben? Gehen Sie nach innen und stellen Sie sich vor, wie Ihr Leben sein wird, wenn dieser Wunsch in Erfüllung gegangen ist. Was ist dann anders?

Auf allen möglichen Wegen nach innen gehen zu lernen, das ist das A und O dieses Prozesses. Sich selbst wieder zuhören lernen. Die feinen Impulse spüren, die innere Sprache von Neuem verstehen lernen, die eigenen Bedürfnisse genauer entdecken, aber auch die passenden Antworten in sich selbst finden.

Dieser Wunsch ist Ihr Wunsch. Er kommt aus Ihrem Inneren. Er gehört zu Ihnen. Und alles, was ihm fehlt, ist Ihre Aufmerksamkeit, damit er sich entfalten kann. Betrachten und behandeln Sie diesen ersten Wunsch daher wie einen Samen, den Sie gerade innerlich in die Erde gelegt haben und um den Sie sich kümmern. Stellen Sie sich vor, wie er aufgeht und gedeiht.

Mit Hilfe der Übungen auf den CDs können Sie ihn mit Ihrer Aufmerksamkeit düngen und wässern und ihn begleiten, bis seine Pflanze Früchte trägt. Durch das Niederschreiben verlieren Sie Ihren Wunschsamen im Trubel des Alltags nicht aus den Augen und unterstützen parallel zu Ihrer stillen inneren Arbeit sehr konkret sein äußeres Aufgehen.

Gleichzeitig haben Sie mit Ihren Zeilen eine bessere Kontrolle über Ihren Entwicklungsprozess. Kontrolle ist etwas, das den Verstand beruhigt, der bei dieser Arbeit oft in seine Schranken verwiesen wird. Der Verstand kann sich mitfreuen, wenn Sie später auf Ihr Papier schauen, auf dem Sie vor Wochen oder Monaten den Samen verankert haben, der jetzt nach Ihrer inneren Arbeit tatsächlich und sichtbar saftige Früchte trägt.

Ich selbst habe es immer wieder erlebt, dass ich in einer inneren Übung solch einen Wunschsamen in die Erde gelegt und gepflegt, ihn im Alltag aber bewusst vergessen habe. Irgendwann habe ich mich dann über die heilsamen Entwicklungen in meinem Leben gewundert – bis mir wieder einfiel, dass ich ja genau das in meinem Geist initiiert und manifestiert hatte. Wenn Sie also Ihre Wünsche klar formulieren und aufschreiben, unterstützen Sie damit die innere Arbeit. Vielleicht können Sie sich im Moment noch nicht vorstellen, wie das alles gehen soll. Das müssen Sie auch nicht. Doch Sie werden sich daran gewöhnen: Idas Lösungswege gehen meist über die Grenzen des bewussten Verstandes hinaus. Fürs Erste zählt nur, dass Sie sich innerlich auf Ihr Ziel ausgerichtet haben und wissen, was Sie sich von diesem Prozess wünschen.

Denken Sie daran: Sie sind mit Ihren Wünschen nicht isoliert und begrenzt, sondern mit allem verbunden. Sie sind ein Handy auf zwei Beinen, das sendet und empfängt. Ihr Wunschsame ist eine Information in Ihrem feinstofflichen Körper, die Sie durch Ihre Aufmerksamkeit mit mehr Energie versorgt haben. Das »Programm« des Samens senden Sie in Ihre Umwelt, sodass es mit energetisch passenden Empfängern in Resonanz gehen kann.

Sie sind mit allem verbunden, und in diesem Universum ist alles vorhanden: die Antworten auf Ihre Fragen, die Entsprechungen zu Ihren Wünschen. In Ihnen haben Sie jenseits all Ihrer aktuellen Sorgen, Probleme und unerfüllten Wünsche Zugang zu einem unbegrenzten Potenzial, das mehr als ausreichend ist, um Ihr Leben in Ordnung zu bringen.

Aber warum erfüllen sich dann so viele Wünsche nicht? Und weshalb geschieht so vieles, was wir uns gar nicht bewusst wünschen? Um das zu verstehen, um ihr Potenzial wiederentdecken und nutzen zu können, brauchen die meisten von uns ein Update ihres Selbstbildes und ihres Selbstverständnisses.

Sie sollten wissen: Solch eine Art Update kann zu inneren und äußeren Konflikten führen. Vor allem wenn die neuen Informationen und Einsichten gängigen gesellschaftlichen Vorstellungen und Ihren eigenen Konditionierungen widersprechen. Da stehen gewohnte und oft lebenslang verinnerlichte Glaubenssätze neuen, revolutionären Einsichten gegenüber. Auf einmal lassen Sie die Möglichkeit in Ihr System ein, dass Sie mit allem verbunden sind. Dass Ihnen tatsächlich ein unbegrenztes Potenzial zur Verfügung steht. Und dass es ida gibt. Dies kann Ihren Verstand stark herausfordern und viele gedankliche Konflikte erzeugen.

Wenn Sie sich trotzdem für ein erweitertes Bewusstsein öffnen, wartet auch schon das nächste Konfliktpotenzial auf Sie in Ihrer Außenwelt. Während Sie sich auf zu neuen Ufern machen wollen, kann es sein, dass der Weg dorthin bereits in Ihrer nächsten Umgebung von Tretminen gepflastert ist. Vielleicht geht es Ihnen ja wie mir, als ich mit ida in Kontakt kam. Die meisten um mich herum – allen voran meine Herkunftsfamilie und mein eigener Mann – hielten das, was ihr bewusster Verstand dachte, für den Rahmen ihrer Möglichkeiten. Und sich selbst vor allem für das begrenzte Wesen, das sie im Spiegel sahen.

In meiner Arbeit mit ida wurde mir immer klarer: Was ich bewusst denken oder von mir selbst physisch wahrnehmen kann, ist so wenig die Grenze meines Seins, wie die Erde eine Scheibe ist, von der man hinten runterfallen kann. Ich erlebe, dass ich tatsächlich ein schöpferisches Wesen bin, das unbegrenzten Zugang zu einem unerschöpflichen Bewusstsein hat.

Sie sollten einfach wissen: Ihr Prozess »verstößt« meist nicht nur gegen Ihre eigenen Konditionierungen, sondern auch gegen die Vorstellungen von Menschen in Ihrer Umgebung. Trotzdem sollten Sie sich vor Konfrontationen hüten. Wenn Sie krampfhaft überzeugen wollen oder in aktiven Widerstand gehen, kostet Sie das nur unnötig Kraft.

Deshalb mein Tipp: Lassen Sie sich gerade am Anfang

möglichst wenig auf Diskussionen ein – weder mit Ihrem eigenen Verstand noch mit den Menschen um Sie herum. Nehmen Sie wahr, dass es andere Vorstellungen und alte Programme gibt, denen Sie nicht weiter folgen wollen. Aber versuchen Sie nicht, irgendjemanden zu missionieren. Machen Sie einfach Ihre Übungen, werden Sie still, gehen Sie nach innen, lernen Sie Ihre Widerstände und Blockaden kennen und vertrauen Sie dem Prozess. Ihr Alltag wird in Bewegung kommen, die inneren Widerstände werden nachlassen, und irgendwann wird Ihr Leben für sich sprechen – genauso wie das, was Sie mit der Zeit ausstrahlen. Sind Sie bereit für ein Update?

Das erste ida-Geheimnis
Sie sind nicht Ihr kleines Bewusstsein

• • • • • • • • •

Zwei simple Zahlen könnten Ihr Verständnis von sich selbst auf den Kopf stellen: Die Wissenschaft geht davon aus, dass 96 Prozent unseres Selbst unter der Oberfläche unseres Bewusstseins schlummern und uns nur rund vier Prozent bewusst sind. Das würde bedeuten: Wir haben eigentlich keine Ahnung davon, wer wir wirklich sind, und kennen nur einen verschwindend geringen Teil unserer selbst.

• • • • • • • • •

Das können Sie sich nicht vorstellen? Am besten können Sie die kraftvolle Wahrheit, die hinter diesen Zahlen steckt, unmittelbar erleben, wenn Sie mit einer Gewohnheit zu brechen versuchen. Stellen Sie sich vor, Sie wollen unbedingt abnehmen, mit dem Rauchen aufhören oder endlich Sport treiben. Für dieses Wollen sind in Wahrheit oft aber nur vier Prozent Ihrer selbst zuständig – die vier, die Ihnen bewusst sind.

Mit am Werk sind allerdings auch noch die 96 Prozent unterhalb Ihrer Bewusstseinsschwelle. Jene, die doch wieder zur Schokolade oder Zigarette greifen und doch wieder vorm Fernseher statt in den Joggingschuhen landen. Wenn Sie nicht wissen, wie Sie Zugang zu diesem großen Anteil finden und ihn für sich nutzen können, dann wird Ihr Leben auf Dauer anstrengend. Denn Sie kratzen mit all Ihrem Bemühen immer nur an der Oberfläche.

Wenn Sie die Existenz der 96 Prozent nicht würdigen, sie anzweifeln oder gar gegen sie ankämpfen, kann das selbstzerstörerische Züge annehmen. Dann werden Sie sich bei dem Versuch, Ihre Ziele zu erreichen, vorkommen, als ob Sie das Steuer mit aller Gewalt nach links einschlagen, während Ihr Auto immer weiter nach rechts fährt.

Ihre vier Prozent können einfach gegen 96 Prozent nichts ausrichten. 96 Prozent können allerdings Ihr ganzes Leben revolutionieren. Deshalb dreht sich dieser Prozess immer wieder darum, Sie für Ihr Bewusstsein jenseits der vier Prozent zu öffnen und aus der Verdrängung in die Annahme zu bewegen.

Ihnen zu zeigen, wie Sie sich die 96 Prozent zunutze machen, statt sich gegen sie zu stellen.

Vielleicht hilft Ihnen schon dieses einfache Zahlenspiel, Ihr Bewusstsein zu weiten. Vielleicht betrachten Sie sich ab heute bereits mit anderen Augen und öffnen sich ganz selbstverständlich dafür, dass Sie mehr sind, als Ihre Probleme im Moment den Anschein erwecken. Dass Sie den weitaus größten Teil von sich gar nicht kennen. Dass Sie sich bisher für dieses kleine begrenzte Wesen hielten, mit dem Sie sich bewusst identifizierten. Dass Sie glaubten, Sie seien nur die, die wieder nicht die Diät geschafft hat. Oder der, der einfach keine Gefühle zeigen kann. Diejenige, die immer verlassen wird. Derjenige, der es eben schon immer so gemacht hat.

Das alles sind Sie auch. Aber das sind nur die Anteile Ihrer selbst, die Sie bewusst mit Ihrem Verstand wahrnehmen können und die immer wieder nach vertrauten Programmen ablaufen. Jenseits Ihres gewohnten Selbstbildes sind Sie aber um ein Vielfaches komplexer. In Ihnen schlummern ungenutzte Potenziale genauso wie unbewusste Blockaden.

Vielleicht schmunzeln Sie, weil Ihnen in diesem Moment ein Licht aufgeht und Sie erkennen, dass Sie die ganze Zeit der Fehlwahrnehmung erlegen sind, dass Sie Ihre vier Prozent Oberfläche und Ihre Konditionierungen für sich selbst halten. Vielleicht sind Sie ja noch skeptisch und trauen im Moment eher Ihrer gewohnten Konditionierung. Aber – um in einem Bild zu sprechen – damit leben die meisten von uns in Höhlen und halten sie für die Welt. Dabei lässt die Höhle nicht die Welt erahnen, und die vier Prozent sind nur ein Bruchteil Ihres Potenzials. Was Sie mit Ihrem bewussten Verstand erfassen und mit dem bewussten Willen steuern können, ist nur ein winziger Teil Ihres gesamten Seins. Tatsächlich wird Ihr Leben vor allem von den verborgenen Aspekten Ihres Bewusstseins gelenkt.

Sie zweifeln daran? Sie sind ein Mensch, der sein Leben unter Kontrolle hat? Wäre dies tatsächlich so, würden Sie nur Dinge tun, für die Sie sich bewusst entschieden haben. Sie würden etwas denken und es auch genauso realisieren können. Sie hätten nie erlebt, dass Sie sich etwas sehr wünschen und gleichzeitig einen Widerstand in sich erleben, wenn Sie versuchen, diesen Wunsch auch umzusetzen.

Deswegen ist es so wichtig, dass Sie lernen, sich über oder besser unter Ihr Oberflächenbewusstsein hinaus zu öffnen und sich in tiefere Ebenen Ihrer selbst hinein zu entspannen. Nur so gelangen Sie mit Ihren Anliegen gleich auf die Chefetage und landen nicht im Vorzimmer.

Deshalb ist der Sinn und Zweck der Übungen im Buch und auf den CDs auch im ersten Schritt, Ihren bewussten 4-Prozent-Verstand zur Ruhe zu bringen, sodass Sie in die 96 Prozent eintreten und sich selbst in Ihrer wahren Größe entdecken und Ihr wahres Potenzial zurückerobern können.

Im Laufe des Trainings wird sich Ihr Bewusstsein allmählich verändern. In den Übungen werden Sie erleben: Was Sie bisher für sich selbst hielten, ist tatsächlich der unbedeutendste Teil Ihrer selbst. Dieses Ich, von dem aus Sie bisher die Welt betrachteten, hat nicht die Kraft, über Ihr Glück zu bestimmen. Es ist nicht mehr als die Verpackung, unter der das wahre Geschenk verborgen ist: ida.

ERLEUCHTUNG ÜBER DER WOLKENDECKE

Ihr Ego wird dieses Kapitel nicht gerade lieben, doch gerade diesen Teil sollten Sie mehrmals lesen. Er beschäftigt sich mit den unbewussten Gefilden zwischen Ihren vier Prozent und dem großen weiten Raum der 96 Prozent. Sozusagen der Grenze zwischen Ihrem Selbstbild und Ihrem Potenzial. Beim ersten Eintauchen in diesen Raum, der vor unserem Bewusstsein sonst meist gut verborgen ist, kann man den Eindruck bekommen, dass wir Menschen – also auch Sie und ich – selbstzerstörerische Fehlkonstruktionen sind und bei genauem Hinsehen auch ein bisschen wahnsinnig. Lesen Sie trotzdem weiter.

Es geht hier schließlich nur um eine Ebene unserer selbst und nicht um unser ganzes Sein. Aber eben um die Ebene, die uns von unserem wahren Sein abhält. Lassen Sie sich also nicht abschrecken von den nächsten Seiten, behandeln Sie dieses Kapitel am besten wie einen Steigflug durch die Wolkendecke. Es rumpelt ein paarmal, aber dann ist man über den Wolken und fliegt unter der Sonne dem Ziel entgegen.

Damit wären wir bei einem Thema, das zwar nicht so gruselig wie der Rest dieses Kapitels, aber für so manchen Verstand nicht gerade leicht verdaulich ist: der Erleuchtung. Mir ist bewusst, dass ich mich auf wackeliges Terrain begebe, wenn ich das Wort in den Mund nehme. Aber Sie und ida, Sie beide haben nun einmal etwas mit Erleuchtung zu tun. Erleuchtung ist dabei weder der erste Preis bei einem spirituellen Wettbewerb noch entspringt sie übermenschlichen Taten.

Erleuchtung ist, kurz gesagt, Ihr natürlicher Zustand. Erleuchtung ist »da«, wenn Sie sich wirklich voll und ganz für sich selbst öffnen – sozusagen Ihr Bewusstsein auf 100 Prozent hochfahren. Erleuchtung eröffnet sich Ihnen, wenn Sie die Mechanismen durchschauen, die an der unbewussten Peripherie Ihres Bewusstseins wie Drachen vor dem Schloss herrschen.

Erleuchtung ist, wenn Sie die Grauzone an der Grenze Ihrer vier Prozent als Nebel und nicht als das Ende der Welt entlarven. Wenn Sie endlich in die Wolkendecke hinein- und durch Sie hindurchgleiten und auf einmal freie Sicht auf die Sonne haben. Wenn Sie realisieren, dass die Sonne die ganze Zeit geschienen hat und Ihr Blick auf sie lediglich von einer dünnen Wolkendecke versperrt war. Dann – und hoffentlich auch beim Lesen dieses Kapitels – geht Ihnen ein Licht auf. Nämlich, dass Sie selbst die Sonne sind und die ganze Zeit nur in einem illusionären Gefühl von Getrenntheit gelebt haben.

Sie fragen sich, woher die Wolken kamen und warum Ihnen nie ein Licht aufgegangen ist? Was hat überhaupt dafür gesorgt, dass Ihre Selbstwahrnehmung so drastisch eingeengt war? Die erste Antwort lautet: Ihr überaktiver Verstand, die zweite: Anspannung in Ihrem Körper, und die dritte: angesammelter emotionaler Schmerz.

Das sind die drei Zutaten, die sich nicht nur zu Ihrem, sondern zu unserem alltäglichen Oberflächenbewusstsein vermengt haben. Sie sorgen für diese dichte, aber doch nur dünne Wolkendecke, die sich vor die Sonne geschoben hat und Ihnen den Blick auf Ihr tatsächliches Potenzial versperrt.

Gedanken – Gnade oder Lärm?

Den überaktiven Verstand von dem Thron zu holen, auf den ihn die meisten von uns im Laufe des Älterwerdens katapultiert haben, ist sicher eine gewisse Herausforderung. Wissen ist in unserer Gesellschaft immer noch ein weitgehend unangetastetes Privileg. Wer viel weiß, hat Recht und oft auch Macht.

Wer schnell im Kopf ist, bekommt Anerkennung und oft die Position eines Anführers.

Verstehen Sie mich nicht falsch: Der menschliche Geist ist hochintelligent und äußerst komplex. Es besteht kein Zweifel, dass unser Verstand uns und unserer Zivilisation eindrucksvolle Errungenschaften gebracht und den technischen, wissenschaftlichen, materiellen und intellektuellen Fortschritt vorangetrieben hat. Richtig genutzt, kann unser Verstand ein hervorragendes Werkzeug sein, das uns bei Bedarf zu guten Lösungen verhilft.

Allerdings benutzt kaum jemand den Verstand wie ein nützliches Werkzeug. Eigentlich werden die meisten von uns eher von ihrem Verstand benutzt. Eckhart Tolle sagt in seinem Buch *Eine neue Erde:* »Genau genommen denkst du gar nicht: Das Denken widerfährt dir einfach. Die Feststellung ›Ich denke‹ verweist auf einen Willensakt. Sie impliziert, dass du in dieser Angelegenheit mitreden kannst, dass du die Entscheidungsfreiheit hast. Bei den meisten Menschen trifft dies jedoch nicht zu. ›Ich denke‹ ist eine ebenso falsche Behauptung wie ›Ich verdaue‹ oder ›Ich lasse mein Blut kreisen‹. Die Verdauung läuft selbsttätig, das Blut zirkuliert von allein, das Denken geschieht ohne mein Zutun. Die Stimme im Kopf hat ein Eigenleben. Die meisten Menschen sind dieser Stimme ausgeliefert.«

Vielleicht finden Sie die Formulierung zu stark, wenn Tolle behauptet, wir seien unserem Verstand »ausgeliefert«. Aber wenn Sie es wagen, Ihre Verstandesaktivitäten bewusst anzuschauen, werden Sie selbst live erleben können, dass Sie so gut wie nie bestimmen, was Ihr Verstand gerade denkt. Der Verstand besitzt eine extreme Eigendynamik und hat in unserer westlichen Zivilisation tatsächlich Herrschaft über uns gewonnen. Er produziert einen unablässigen Strom aus Gedanken, ohne dass wir diesen steuern oder seinen Inhalt bestimmen könnten.

Gedanken kommen und gehen leider ständig auch dann, wenn Sie sie nicht »haben« wollen. Im Kopf rattert es unermüdlich weiter, wenn Sie abends endlich mal herunterkommen, im Urlaub den Sonnenuntergang genießen oder mit Ihren Kindern spielen wollen. Gedanken tyrannisieren Sie, indem Sie immer wieder darüber grübeln, warum Ihr Partner zu Ihrer besten Freundin gezogen ist, Ihnen der Job fristlos gekündigt wurde oder Ihre Mutter Sie damals nicht hat Kunst studieren lassen.

Kaum etwas hat uns so sehr im Griff wie unsere Gedanken, und kaum etwas steht dem Zugang zu unserem Potenzial, einer Öffnung in unser Sein, einer inneren Verbundenheit mit dem Leben und einer Begegnung mit ida so sehr im Weg wie unser Verstand. Denn nichts trennt uns so sehr vom unmittelbaren Erleben des Moments wie er. Und nichts fragmentiert und kategorisiert diese Welt so sehr.

Stellen Sie sich vor: Ihr Verstand produziert den ganzen Tag unentwegt und unkontrolliert rund 60 000 Gedanken, von denen die allermeisten urteilend und bewertend sind. Gedankenströme, die meist von Ihrem Bewusstsein unbemerkt in immer den gleichen, gewohnten Bahnen in Ihrem Kopf herumgeistern und Ihre Vorstellung von der Welt und Ihren Umgang mit anderen Menschen und Situationen stets auf ähnliche Art bestimmen. Aber …

Das zweite ida-Geheimnis
Sie sind nicht Ihre Gedanken

• • • • • • • •

Es gibt einen Denker in Ihnen. Aber Sie sind nicht dieser Denker. Er ist nur ein kleiner Teil von Ihnen, der seine ganze Aufmerksamkeit auf sich gezogen hat. Vielleicht können Sie einmal Ihre Gedanken für einen Moment wahrnehmen … Was geht gerade in Ihrem Kopf um? Und wer ist das, der die Gedanken wahrnimmt? Es gibt eine Ebene in Ihnen jenseits Ihres Verstandes, die in dem Moment aktiviert wird, in dem Sie den Denker in sich zu beobachten beginnen.

Sie werden noch sehen, welch ungeheure Befreiung darin liegt, dass Sie all diese Gedanken haben – aber nicht all diese Gedanken sind. Sie müssen von den ängstlichen, beunruhigenden, fordernden, beurteilenden Gedanken nicht mehr Ihr Leben bestimmen lassen. Sie können die Ebene jenseits Ihres Denkens entdecken – von der aus Sie Ihr Denken wahrnehmen, sich aber gleichzeitig darüber hinausbewegen können. Von dieser Ebene finden Sie Zugang zu einem unerschöpflichen Potenzial und zu ida.

• • • • • • • •

Wer sich die Abläufe in seinem Kopf wirklich bewusst macht, muss erkennen, dass Denken tatsächlich zwanghaft ist. Dass wir sozusagen von unseren Gedanken gedacht werden. Das ist aber noch nicht einmal das wirkliche Problem. Das besteht nämlich darin, dass wir uns mit diesen automatisierten, sich wiederholenden Gedankenabfolgen, die wir nicht bewusst bestimmen, identifizieren. Diese Identifikation schafft einen Schleier aus Bewertungen, Konzepten, Vorstellungen, Definitionen und Begriffen, der uns daran hindert, uns selbst und die Welt um uns herum unmittelbar zu erfahren.

Dieser Schleier schiebt sich zunächst zwischen uns und unser inneres natürliches Sein. Wir spüren uns nicht von innen – wir sehen stattdessen unsere Figur im Spiegel und bewerten sie entsprechend den Konzepten, die wir im Kopf haben. Wir sind nicht verbunden mit der Welt da draußen, der Schleier schiebt sich zwischen uns und unsere Mitmenschen. Wir sehen nicht eine junge Frau, sondern eine Muslima ohne Kopftuch, die ein religiöses Dogma missachtet. Der Schleier schiebt sich zwischen uns und die Natur. Wir sind nicht mehr in ihre herrliche Einheit hineingewoben wie alle anderen Lebewesen. Wir züchten nach den neuesten wissenschaftlichen Erkenntnissen gentechnisch manipuliertes Saatgut, das sich nicht weiter vermehren lässt, und schicken es den Hungernden in Afrika. Denn unser Verstand hat errechnet, dass es finanziell lohnenswerter ist, jedes Jahr neues Saatgut zu verkaufen.

Am letzten Beispiel können Sie sehen, wie abgetrennt und radikal der Verstand in seiner Eigendynamik sein kann und wie sehr er sich zwischen uns und die Welt stellen kann. Mit den Jahren, wenn wir unseren Verstand in seinem ständigen hyperaktiven Streben nach Bewertung und Aufteilung nicht durchschauen, wird aus dem Schleier eine dichte Wolkendecke. Irgendwann halten wir uns für das, was unser Kopf denkt. Wir leben vollends in der Welt unserer Gedanken und damit in einer sich verdichtenden Illusion des Getrenntseins. Wir sind Sklaven unserer eigenen Urteile und Etikettierungen und spüren unsere Verbundenheit mit dem Leben nicht mehr.

mini ida

Gedanken beobachten

Halten Sie während des Lesens einmal inne. Lenken Sie Ihre Wahrnehmung in Ihren Kopf. Welche Gedanken können Sie gerade wahrnehmen? Beobachten Sie die Gedanken, wie sie kommen und gehen. Ohne Sie bremsen, bewerten oder analysieren zu wollen. Versuchen Sie einfach nur, Ihre Gedanken bewusst mitzubekommen. So in dem Sinne: Ah … ich frage mich gerade, ob die Leser verstehen können, wie das geht … Ob sie jetzt verstehen können, dass ich hier meine eigenen Gedanken aufschreibe, die ich gerade wahrnehme. Ob das hier nicht konfus und verrückt wird, wenn ich in einem Beispiel über die Beobachtung der Gedanken die Gedanken aufschreibe, die ich in meinem eigenen Kopf wahrnehmen kann … Ich höre jetzt damit auf, hier weiter meine Gedanken aufzuschreiben, und mache lieber mit dem eigentlichen Text weiter …

Wenn Sie Ihre Gedanken in dieser Weise wahrnehmen, können diese quasi nicht mehr unbeobachtet in Ihnen herumschwirren. Das sorgt für eine gewisse Verlangsamung im Kopf und mit der Zeit für eine Loslösung und mehr Selbst-Bewusstheit im ursprünglichen Sinne des Wortes. Sie können diese Übung beim Autofahren, beim Bügeln, beim Joggen und vielem anderem machen. Man braucht meiner Erfahrung nach immer etwas Geduld dabei, weil man oft schon nach Sekunden wieder unbewusst wird, abschweift, wieder von seinen Gedanken »gedacht« wird und dann immer wieder neu zurückfinden muss. Diese Übung hat trotzdem durchaus das Potenzial dazu, uns unser Leben lang herauszufordern und uns im wahrsten Sinne des Wortes selbst-bewusster zu machen. Sie ist die ultimative Freiheitsübung.

Wenn Sie lernen, sich von den eigenen Gedanken zu lösen und Abstand von ihnen bekommen, befreien Sie sich aus der größten Sklaverei in Ihrem System. Wenn Sie millimeterweise Abstand zu Ihren eigenen Gedanken bekommen, merken Sie auf einmal: Ich bin nicht meine Gedanken. Sie werden sich Ihrer Gedanken bewusst und entdecken damit automatisch, dass es noch eine zweite Ebene in Ihnen gibt. Es gibt Ihre Gedanken – und es gibt Sie, die Sie diese Gedanken gerade beobachten. Das öffnet Ihnen ein großes Tor zu einem neuen Bewusstsein Ihrer selbst – und das ist echte Befreiung.

Diesen springenden Punkt auf dem Weg in einen Bewusstseinswandel musste ich sicher 786-mal lesen und durchfühlen, bis ich wirklich deutlich und klar den Denker und den Beobachter in mir so erleben konnte, dass sich meine Selbstwahrnehmung spürbar veränderte.

Hier geht es erst einmal darum, Ihren Verstand aus seinem Versteck zu locken. Dann können Sie sich darüber bewusst werden, wie hyperaktiv und unbeobachtet er über Ihr Leben bestimmt. Manchmal wachen Sie auf, und Ihr Verstand beginnt schon am frühen Morgen, düstere Gedanken zu produzieren, obwohl noch nichts weiter passiert ist, als dass Sie aufgewacht sind und unter der warmen Bettdecke liegen. Wenn Sie nicht aufpassen, kann das den ganzen Tag so weitergehen: Ihr Verstand führt ein Eigenleben jenseits der unmittelbaren Realität. Er macht sich unentwegt Sorgen – über den Rest des Tages und über Ihre Zukunft danach. Er brütet über Erlebnissen aus der Vergangenheit, produziert Gedanken von Langeweile, Ärger, Groll und Angst. Lässt Wünsche und Begierden aufkommen oder Vorstellungen von der Zukunft und von Erfolg.

Das alles macht Ihr Verstand fast immer, ohne dass Sie ihn steuern. Er ist die ganze Zeit aktiv und hüllt Sie währenddessen automatisch in eine Wolkendecke ein. Seine Gedanken produzieren einen Film in Ihrem Kopf, ohne dass Sie es merken und ohne dass Sie dessen Inhalt bewusst bestimmt hätten.

Dazu gibt es eine anschauliche Geschichte des Kommunikationswissenschaftlers Paul Watzlawick:

> Ein Mann will ein Bild aufhängen. Den Nagel hat er, nicht aber den Hammer. Der Nachbar hat einen. Also beschließt unser Mann, hinüberzugehen und ihn auszuborgen. Doch da kommt ihm ein Zweifel: Was, wenn der Nachbar mir den Hammer nicht leihen will? Gestern schon grüßte er mich nur so flüchtig. Vielleicht war er in Eile. Vielleicht hat er die Eile nur vorgeschützt, und er hat was gegen mich. Und was? Ich habe ihm nichts getan; der bildet sich da etwas ein. Wenn jemand von mir ein Werkzeug borgen wollte, ich gäbe es ihm sofort. Und warum er nicht? Wie kann man einem Mitmenschen einen so einfachen Gefallen abschlagen? Leute wie dieser Kerl vergiften einem das Leben. Und dann bildet er sich noch ein, ich sei auf ihn angewiesen. Bloß weil er einen Hammer hat. Jetzt reicht's mir wirklich. – Und so stürmt er hinüber, läutet, der Nachbar öffnet, doch noch bevor er »Guten Tag« sagen kann, schreit ihn unser Mann an: »Behalten Sie Ihren Hammer, Sie Rüpel!«

Wie bei diesem Mann funktioniert unser Verstand, wenn er sich selbst überlassen ist. Und so bestimmt er unsere Handlungen und unsere Kommunikation mit anderen. Die Gedankenwolken verdichten sich, ohne dass wir es merken. Da läuft morgens vor dem Aufstehen im Bett ein Psychodrama im Kopf ab. Und abends beim vermeintlich erholsamen Sport mag unser Körper vielleicht schwitzen. Aber durch unseren Kopf jagen immer noch Nachrichten aus aller Welt, unserer Vergangenheit und Zukunft. Gedankenwolken, die sich unbemerkt verdichten! Uns ist nicht bewusst, dass sie nur Wolken sind, die sich vor die Sonne geschoben haben. Wir halten die Wolken für die Welt und ahnen irgendwann gar nichts mehr von der Sonne.

Im Laufe der Jahre führt die Stimme in Ihrem Kopf ein starres Eigenleben. Da das Denken immer von der Vergangenheit bestimmt wird, läuft Ihr »Film« automatisch immer nach dem gleichen Drehbuch ab: Sie denken unentwegt ähnliche Gedanken, die von der Vergangenheit bestimmt sind, und halten sie für Ihre Gegenwart. Mit der Zeit leben Sie wie der Mann in Watzlawicks Geschichte, und noch schlimmer: Auch Sie bezweifeln irgendwann, dass Ihnen überhaupt noch jemand einen Hammer leihen würde. Sie haben sich völlig mit den alten Geschichten in Ihrem Verstand identifiziert. Aber diese Geschichten sind nicht Sie. Das, womit Sie sich identifiziert haben, ist ein falsches Ich aus Gedanken, das sich vor Ihr wahres Selbst geschoben hat.

Dieses falsche Ich findet nur in Ihrem Kopf statt. Falls Sie das für verrückt halten – es ist komplett verrückt. Und wenn Sie glauben, dass die Menschen doch nicht solch einer Illusion auf den Leim gehen können: Doch, das können wir.

Das falsche Ich ist unser Ego. In Beziehungen trifft es auf das falsche Ich eines anderen. (Malen Sie sich aus, was die beiden Gutes zustande bringen können …) Jeder von uns hat solch ein Ego, das er für sich selbst hält. Es ist entstanden durch unsere völlige Identifikation mit unseren vergangenen Erfahrungen und unserem Verstand und hält uns gefangen in einer Illusion von Getrenntheit – hinter einer Wolkendecke aus Konzepten und Dogmen aus Gedanken. Diese Gedanken ergreifen Besitz von uns und suggerieren uns Dinge wie: »Ich bin Christ und du bist Muslim. Deshalb bin ich besser als du.« Es sind Gedanken … mehr nicht.

Doch auch in weniger dramatischer Ausprägung sorgen die Gedanken für Leid. Schauen Sie sich einmal bewusst um. Wie viele Menschen um Sie herum betrachten alles, was ihnen das Leben frisch und lebendig beschert, immer durch die gleiche alte Brille ihrer persönlichen und gesellschaftlichen Konditionierungen. Nehmen Sie bewusst wahr, wie viele Leute in Begegnungen innerlich abwesend sind, nie richtig zuhören können und nur wie aus einem Tunnel ihrer eigenen Wahrnehmung heraus antworten. Sie sagen ständig Sätze mit »man«: Man macht dieses nicht … man macht jenes so … Diese Menschen reagieren nie lebendig. Sie beziehen sich immer auf die Vergangenheit oder sorgen sich um die Zukunft. Ihre Gedanken haben sich zu festen Vorstellungswelten verdichtet und sie von der Lebendigkeit des Lebens entfremdet.

Auch in unserem eigenen inneren System breitet sich die Wolkendecke aus Gedanken wie ein lähmender Nebel aus. Unbemerkt überträgt sie sich auf unseren gesamten Organismus. Unser Kopf ist gleichsam die Schaltzentrale, deren Informationsflüsse auf alle weiteren Prozesse im System einwirken und sie aktivieren. Und damit wären wir bei der zweiten Antwort auf die Frage, was dafür sorgt, dass Ihre Selbstwahrnehmung auf einen Bruchteil eingeengt ist und Sie noch keinen Zugang zu Ihrem Potenzial und zu ida finden konnten.

Overload – das unsichtbare Gift

In dem Maße, wie Ihr Verstand unentwegt aktiv ist, überlagert eine Art Grundspannung Ihren gesamten Organismus. Auch diese erfahren Sie wahrscheinlich nicht bewusst und mit Abstand, so wie ein Fisch nicht weiß, dass es außerhalb seiner Welt des Wassers noch eine der Luft gibt. Ihre Grundspannung bewirkt Trennung von Ihrem natürlichen Sein. Sie bewirkt in Ihrem Körper das Gleiche, wie es die Gedanken in Ihrem Kopf tun: Sie vernebelt Ihren Zugang zu sich selbst und zur Welt.

Ihr Körper hat rund 650 Muskeln, die auf Stress mit Anspannung reagieren. Stellen Sie sich also vor, was in Ihrem Körper geschieht, wenn Sie morgens die Augen aufmachen und schon bedrückt in den Tag schauen. Wenn Sie abends ins

Bett gehen und sich fragen, ob Ihr Partner Sie wohl betrügt. Solche Gedanken senden Stressimpulse ins ganze System.

In diesen beiden Fällen wirken die Impulse auf besonders ungesunde Weise, weil auch zwischen der Aktivität im Kopf und der des Körpers eine große Diskrepanz herrscht. In Ihrem Kopf wirbeln stresserfüllte Gedanken umher, aber Ihr Körper kann nicht mitwirbeln. Er liegt nur reglos im Bett.

Anspannung entsteht in unser aller Leben immer dann, wenn wir eine Erfahrung nicht wirklich unmittelbar durchleben. Wenn Gedanken und Gefühle in uns aufsteigen, die wir weder verbal noch physisch ausdrücken und verarbeiten können. Sie entsteht auch, wenn wir unsere Emotionen und Reaktionen kontrollieren: Wir verbiegen uns, um es anderen recht zu machen. Wir schlucken alles herunter und sagen nicht, was wir denken. Oder wenn wir Angst haben: um unsere Beziehung, unseren Job, unsere Gesundheit oder finanzielle Sicherheit.

Anspannung entsteht, wenn wir von äußeren Reizen überflutet werden. So können uns virtuelle Informationen und Bilder permanent stimulieren, ohne dass wir sie real verarbeiten können. Wir sitzen vor dem Fernseher oder am Bildschirm, telefonieren am Handy, chatten und surfen durchs World Wide Web und multitasken uns durchs Leben. Dabei ist unser Organismus unzähligen virtuellen Stressimpulsen hintereinander ausgesetzt. Während wir die Abendnachrichten, Krimis oder Pornos gucken, herrscht Ausnahmezustand in unserem Inneren. Die äußeren Reize strömen in gewaltigen Mengen ungefiltert auf unsere Sinne und unseren Geist ein.

Unser Körper hat eine eigene Intelligenz. Ein Ordnungsprinzip, das perfekt für all die komplexen Abläufe in unserem Organismus und das Zusammenwirken unserer Organe sorgt. Diese Intelligenz kann ohne unser Zutun Millionen von Funktionen gleichzeitig regeln und auf die Umwelt abstimmen. Allerdings reagiert sie auch auf das, was unser Verstand sagt – und zwar immer noch so wie zu Urzeiten der Menschheit, als der Verstand noch eine völlig andere Rolle im ganzen System spielte.

Die Körperintelligenz reagiert absolut präzise auf jedes Alarmsignal, das ihr der Verstand sendet. Jedoch kann sie nicht unterscheiden, ob Reize durch reale Erfahrungen oder durch gedankliche Vorstellungen und mediale Bilder erzeugt werden. Das merken Sie, wenn Sie im Kino sitzen und die Zähne aufeinanderbeißen oder den Atem anhalten, weil es auf der Leinwand spannend wird. Woher die Reize kommen und welche Faktoren sie auch auslösen mögen, unser Geist nimmt sie auf und sendet seiner Urprogrammierung gemäße Signale an unseren Organismus: Achtung, Reiz! Energie sammeln! Volle Konzentration! Aktiv werden! Angreifen oder flüchten!

So wirken die Aktivitäten in unserem Kopf permanent auf die natürliche Ordnung unseres Körpers ein. Heutzutage sind wir fast alle extremem Stress und Druck ausgesetzt. Und das nicht durch ernsthafte äußere Bedrohungen, sondern durch unser hyperaktives Denken und die Reizüberflutung. Automatisch und blitzschnell regelt der Körper in seinem inneren System alle Funktionen herunter, die nicht überlebenswichtig sind. Und gleichzeitig bündelt und aktiviert er alle Reserven, die er im Falle von Gefahr zum Überleben bräuchte: Der Blutdruck steigt, das Herz schlägt schneller, die Muskeln spannen sich an, der Atem wird flach, und unsere Wahrnehmung verengt sich tunnelartig.

Dieses Programm half unserer Spezies seit Anbeginn, mit gefährlichen oder gar lebensbedrohlichen Situationen umzugehen. Es sorgte dafür, dass unsere Energien gebündelt blieben und wir immer präsent reagieren konnten. Und es regelte darüber hinaus einen Mechanismus der Selbstreinigung: Energie wurde auf- und unmittelbar auch wieder abgebaut. Das half, das innere System wach und frei von Ballast zu halten.

Heute bleibt uns jedoch nur wenig Raum, um unsere inneren Energieflüsse natürlich zu regulieren. Während wir einer Dauerflut von Reizen ausgesetzt sind und unsere Gefühle zu kontrollieren versuchen, läuft unser Organismus permanent auf Hochtouren und steht gleichzeitig im Stau. Können Sie sich vorstellen, wie viel Spannung sich in Ihnen mit den Jahren womöglich aufgebaut hat?

Viele Tiere schütteln nach einer intensiven Notreaktion instinktiv heftig ihren ganzen Körper, wenn sie ihre angestaute Spannung einmal nicht physisch umsetzen können. So entladen sie die überschüssige Spannung im Organismus und entlasten alle Funktionen wieder. Aber bei uns sitzt der Stress fest und verdichtet sich als aufgestaute Energie zu einem Dauer-Overload. Wir sollten also lernen, das System wieder zu entlasten, die Spannungen aufs Neue in Fluss zu bringen und den Zugang zu unserem Kern und damit zu ida wieder freizulegen.

mini ida

Stress abschütteln

Machen Sie es wie die Tiere: Schütteln Sie sich für einige Minuten den Tag aus den Gliedern. Das ist eine Wohltat und eine große Entlastung für Ihr ganzes System. Arbeit vorbei, Kinder im Bett, Stress vor der Tür … Zeit, um alles loszulassen.

Legen Sie eine Musik mit einem leichten, lösenden Rhythmus auf. Lassen Sie Ihr Gewicht auf beiden Füßen ruhen und schütteln Sie nacheinander erst die Hände, dann die Unterarme und schließlich die ganzen Arme und Schultern aus. Fühlt es sich besser leicht und sanft an oder kräftig und wild? Möchten Sie das Schütteln steigern oder variieren?

Lassen Sie dann den Oberkörper langsam vornübersinken und schütteln Sie vorsichtig Kopf, Hals und Nacken aus. Gehen Sie mit Ihrer Aufmerksamkeit ganz in Ihren Körper.

Lassen Sie die Gedanken ziehen. Die Musik bewegt Sie. Finden Sie schließlich eine Position, in der Sie den ganzen Körper schütteln und lösen können.

Wenn Sie sich ausreichend geöffnet und bewegt fühlen, schalten Sie die Musik ab und legen Sie sich auf den Boden. Schließen Sie die Augen und spüren Sie für einen Moment nach, wie sich Ihr Körper nach dem Schütteln in seinem Inneren anfühlt.

Sie können diese Übung auch mit dem Tanzen verbinden.

Ich nehme mal an, dass diese Praxis wahrscheinlich bisher nicht zu Ihrem Alltag gehörte. Sie haben sich wahrscheinlich nicht nach einem Streit mit Ihrem Partner oder Chef, einem Unfall, einer Operation oder einer schockierenden Nachricht zurückgezogen, um Anspannung und Schock wieder aus Ihrem System zu befördern. So ist der Overload wie bei den meisten Menschen auch für Sie zu einem Normalzustand geworden.

Wir bemerken die Spannung nicht, wir spüren nur, dass wir immer leichter reizbar und weniger belastbar werden und unser Immunsystem schwächer wird. Körperliche Symptome wie Schlafstörungen, Rückenprobleme und Verdauungsbeschwerden stellen sich ein, weil unser Organismus ständig »im Krieg« oder »auf der Flucht« ist. Die Überspannung vergiftet uns aber auch seelisch und emotional. Sie sorgt dafür, dass unsere Wahrnehmungen flacher werden und unsere Sinne abstumpfen. Weil wir uns nicht mehr richtig fühlen können, gieren wir immer stärker nach Stimulation, Erregung und Ersatzbefriedigungen. Wir rauchen, essen, trinken, kaufen oder arbeiten im Übermaß, um unsere Spannung im Zaum zu halten oder ihr für Momente zu entkommen.

Aber all das sorgt nicht für eine echte Lösung, es bringt die Spannung nur zeitweise aus unserem Bewusstsein. So kann sie sich in unserem »Untergrund« weiter ansammeln, von einer inneren Ebene in die nächste ausbreiten und unsere Lebendigkeit und Gefühlswelt lähmen. Damit kommen wir zu der nächsten Verbindung in unserem inneren System: jener zwischen unserem Körper und unseren Emotionen.

Emotionen – der Gefühlsalptraum

Für den Körper bedeutet ein Stressimpuls immer auch Gefahr. Kann er ihn nicht umsetzen, lebt die Gefahr nicht nur als Geschichte in unserem Kopf fort, sie wird emotional. Sie staut sich in Form negativer Emotionen wie Angst, Groll, Wut, Hass, Traurigkeit, Eifersucht und Ohnmacht in uns auf. Ohne äußeres Ventil geht sie also ins eigene System über, steigt aus dem übrigen Körper wieder zurück in den Kopf und löst dort neue beunruhigende Gedanken aus. Diese verdichten sich erneut zu fühlbaren negativen Emotionen. Und diese Emotionen führen den Gedanken und dem Körper wieder neue Stressenergie zu. Ein Teufelskreis nimmt seinen Lauf.

Sie kennen dieses Phänomen sicher selbst zur Genüge: Sie hatten Stress im Job. Kommen nach Hause voller Ärger über Ihren Chef, Ihre Kunden oder Kollegen und fühlen sich gereizt und verspannt. Streiten sich mit Ihrem Partner wegen einer Kleinigkeit. Legen sich am Ende des Tages ins Bett und machen sich selbst Vorwürfe oder ärgern sich nun über Ihren Partner. Wachen am nächsten Morgen wie gerädert auf und gehen schon mit Anspannung im Bauch zur Arbeit.

Für viele von uns ist das Alltag. Wir sagen: So ist das eben, wenn man viel Stress im Job hat … Aber aus einer bewussteren Perspektive ist dieses Verschleppen von Stress verrückt. Eckhart Tolle hat dazu in seinem Buch *Eine neue Erde* eine eindrückliche Geschichte erzählt.

Zwei Enten trennen sich nach einer Auseinandersetzung und schwimmen in unterschiedliche Richtungen auseinander. Dabei schlägt jede der beiden ein paarmal kräftig mit den Flügeln, um ihre überschüssige Energie freizusetzen, die sich während des Kampfes aufgebaut hat. Nach dieser Entladung schwimmen die Enten dann wieder friedlich umher, als ob nichts geschehen wäre.

»Wenn die Ente einen Menschenverstand hätte«, sagt Tolle, »würde sie die Auseinandersetzung im Geiste lebendig erhalten, indem sie die Geschichte weiterspinnt. So würde die

Entengeschichte dann wahrscheinlich gehen: ›Ich glaub's einfach nicht, was er da gemacht hat. Er ist bis auf 15 Zentimeter an mich herangeschwommen. Er denkt wohl, der Teich gehört ihm! Meine Privatsphäre ist ihm völlig schnurz. Ich werde ihm nie mehr vertrauen. Nächstes Mal probiert er wahrscheinlich etwas anderes aus, nur um mich zu ärgern. Bestimmt führt er schon was im Schilde. Aber ich lasse das nicht mit mir machen. Ich werde ihm eine Lektion erteilen, die er nie vergessen wird.‹«

Unser Verstand lebt eine Auseinandersetzung immer weiter. Und so ist unser Körper gezwungen, auch in der Spannung und im fiktiven Kampf zu bleiben und ständig neu negative Emotionen zu produzieren. Unsere Vergangenheit bleibt so als gedankliche, emotionale und körperliche Erinnerung lebendig. Das ist etwas anderes als eine nützliche Erfahrung, aus der wir bewusst lernen und die wir dann loslassen können. Es ist eine festgehaltene Konditionierung, die Besitz von uns ergreift und zu unserem falschen Ich wird.

Und wieder haben wir es mit einer Wolkendecke zu tun, die uns die Sicht auf uns selbst und andere versperrt: Sie besteht aus emotionalem Schmerz, der sich nach und nach ansammelt. Alles, was Ihnen Ihr Gefühlsleben und Ihre Beziehungen heute so schwer macht, sind alte Erfahrungen und Schmerzen. Sie unterliegen einem längst vergangenen Drehbuch und folgen damit oft einer anderen Logik und anderen Zielen, als Sie es im Hier und Jetzt tun (wollen).

Die Ente mit dem Menschenverstand hat aus ihrem akuten Stresserlebnis eine Geschichte im Kopf gemacht. Sie hat sich nicht auseinandergesetzt und dann kräftig mit den Flügeln geschlagen. Sie hat die Energie im System behalten, wo diese sich zu negativen Emotionen verselbständigt. Was glauben Sie, was mit dieser Ente passiert, wenn eine andere Ente das nächste Mal auch nur in ihre Nähe schwimmt?

Irgendwann in der Vergangenheit haben Sie eine bestimmte Erfahrung gemacht. Sich vielleicht einem Menschen gegenüber geöffnet und dabei Schmerz erlebt. Sind missverstanden, nicht respektiert oder schlecht behandelt worden. Vielleicht hatten Sie als Kind Angst vor einer neuen Herausforderung und sind vor ihr zurückgeschreckt. Vielleicht haben Sie seinerzeit beschlossen, diesen Schmerz oder die Angst nie wieder erleben zu wollen. Vielleicht haben Sie aber auch nur unbewusst Stress empfunden und alle Gedanken, Spannungen und Empfindungen ins Unterbewusstsein verbannt, um den Schmerz nicht fühlen zu müssen. So ist er innerlich zu einem Programm erstarrt, das in Ihnen weiterlebt und jedes Mal mit seiner einstigen unvollendeten Geschichte abläuft, wenn sich Ihnen ein Mensch nähert, Sie sich verlieben oder eine neue Herausforderung angehen wollen: Achtung, Gefahr! Öffnen bedeutet Schmerz. Also besser nicht mehr öffnen! Neues, Fremdes bedeutet Angst. Also lieber nicht weitergehen …!

Wir alle tragen solche Geschichten, gefüllt mit altem

Schmerz, in uns, meist ohne zu merken, wie sehr sie unseren heutigen Bedürfnissen und unserem Wunsch nach Beziehung und Erfolg im Wege stehen. Wenn Sie sich also gerade erfüllendere Beziehungen, mehr Erfolg im Job oder mehr innere Balance wünschen, dann ist es wichtig, dass Sie lernen, sich aus der unbewussten Identifikation mit dem alten Schmerz zu lösen. Dass Sie aufhören, ihn persönlich zu nehmen und sich als leidendes Opfer zu betrachten. Oder andere für ihn verantwortlich zu machen und sie als Schuldige zu verurteilen. Dieses Denken schwächt Sie nur und hält Sie in der Vergangenheit gefangen.

Der ida-Prozess unterstützt Sie darin, mit der Gewohnheit des Ansammelns und Wiederaufleben-Lassens alter Emotionen zu brechen. Sie werden lernen, wieder präsent im Moment anzukommen, sich von Altem zu »klären« und Emotionen aus einem neuen Blickwinkel zu betrachten.

Gerade wenn es um Beziehungen geht, konzentrieren wir uns oft nur auf die Gefühle. Wir setzen die Liebe mit starken Emotionen gleich: mit großer Leidenschaft und/oder wildem Begehren. Aber das ist nicht die Liebe, das sind Gefühle. Sie sind spannungsgeladen und können jeden Moment umkippen in ihr Gegenteil: Begehren kann zu Hass werden. Leidenschaft in Eifersucht umschlagen.

Die Liebe ist ohne Gegenteil und nicht dramatisch. Ihr entspringen lebendige Emotionen, die im Hier und Jetzt stattfinden. Gefühle besitzen keine Geschichte und haben nichts mit romantischer Verklärung zu tun. Sie sind ein Ausdruck unserer inneren Verbundenheit und unseres Seins.

Einem Freund habe ich zu seinem Geburtstag Freude, Gelassenheit und Verbundenheit gewünscht. Das sind Gefühls- oder besser: Daseinszustände der Liebe, die unmittelbar unserem Inneren entspringen.

Emotionen haben jedoch eine ganz andere Quelle. Sie sind Gefühlserfahrungen, die immer in der Vergangenheit wurzeln und nicht wirklich durchlebt wurden. Die halb fertig und bedürftig an Ihnen hängen geblieben sind und Sie auffordern: Führe mich zu Ende! Lebe mich! Erfülle mich! Auf Emotionen ist immer Druck. Hinter Leidenschaft und Begehren steckt immer eine große Schubkraft von Ungelebtem verborgen. Da ist nicht innere Liebe am Werk, vielmehr schreien die schmerzenden vergangenen Erfahrungen nach Erfüllung.

Das dritte ida-Geheimnis
Sie sind nicht Ihr Schmerz

• • • • • • • •

Das, was Sie in der Gegenwart emotional werden lässt, sind nicht Sie. Es sind Ihr aufgestauter Schmerz und Ihr ungestilltes Verlangen aus der Vergangenheit. Beides ist zu einem schmerzenden Energiefeld geworden, das Sie unbewusst in Beschlag genommen hat. Eckhart Tolle hat es »Schmerzkörper« genannt.

Stellen Sie sich Ihren emotionalen Ballast am besten als einen weiteren unsichtbaren Körper in Ihrem inneren System vor. Er ist ein inneres, psychisches Feld, das aus all den durch Stress ausgelösten Emotionen besteht, die Sie nicht durchlebt, sondern verdrängt, regelrecht in sich hineingefressen haben. So leben die alten Emotionen unterdrückt, aber als hoch aufgeladenes Energiefeld in Ihnen weiter und halten Sie von Ihrem eigentlichen Sein ab.

• • • • • • • •

Der Schmerzkörper macht uns eng, reizbar und starr. Er lässt uns nie wirklich in der Gegenwart leben. Er lebt sein eigenes Leben und hält uns wie eine Marionette an unsichtbaren Fäden aus der Vergangenheit, die uns nie im jetzigen Moment landen lassen. Wir werden im wahrsten Sinne des Wortes überspannt und reagieren aus der ganzen Ladung vergangener Emotionen heraus, die wir wie in einem Rucksack mit uns herumtragen. Wenn wir emotional sind, haben wir keine klare Sicht mehr, weder auf Situationen noch auf Menschen.

In meiner Arbeit mit Paaren kann ich es gar nicht oft genug sagen: Alles, was in der Beziehung zwischen Ihnen und Ihrem Partner steht, sind alte Wunden, von denen die meisten Ihnen beiden gar nicht bewusst sind (denken Sie an die 96 Prozent). Daher ist es wichtig, dass Sie sich aktiv auf eine neue Haltung einlassen, die auf der Erkenntnis beruht: Sobald es weh tut, wird in mir ein alter Schmerz aktiviert. Ich werde regelrecht von ihm in Besitz genommen.

mini *ida*

Ich erwische den Schmerz in mir

Gehen Sie heute ganz wach durch den Tag. Beschließen Sie für sich: Sobald die ersten Anzeichen auftauchen, dass ich »emotional« werde, halte ich kurz inne und nehme ein, zwei tiefe Atemzüge. Ich sage innerlich: »Stopp!« (Mein Mann und ich machen daraus manchmal einen Scherz und sagen »Sitz!«, so wie zu einem Hund. Damit meinen wir aber keinen Hund, sondern unseren Schmerzkörper.) Also, wenn Sie merken, es geht los, dann atmen Sie und nehmen die neue Haltung ein. Sagen Sie sich innerlich: Hier bin ich – und da ist der alte Schmerz.

Sorgen Sie mit dem Atem und dieser neuen Einsicht ganz bewusst für Abstand. Spüren Sie im Körper nach, wo Sie die Emotionalität wahrnehmen können. Es kann gut sein, dass der Schub schon während Ihrer bewussten Forschungsreise verfliegt. Wenn die Ladung groß ist, kann es aber auch sein, dass Sie von ihr innerlich hinweggefegt werden. Dann machen Sie sich keine Vorwürfe, sondern surfen Sie gleichsam die nächste emotionale Welle.

Je öfter Sie das praktizieren, desto seltener kann der Schmerzkörper Sie in seinem Griff des Unbewussten halten. Sie werden innerlich immer freier, und der Schmerz nimmt allmählich ab.

Die Wurzeln unseres Schmerzkörpers liegen meist schon in unserer Kindheit. Bei jedem Kind haben Eltern, Lehrer oder andere Menschen »schlechte« Gefühle reglementiert. Wir haben fast alle schon früh gelernt, unsere Emotionen festzuhalten, haben unseren Schmerz und unsere Angst nicht gezeigt. Wir durften nicht wild, nicht laut, mussten freundlich sein. Fühlten uns verlassen, allein, ausgegrenzt und ohnmächtig.

Kinder reagieren auf diesen alltäglichen Schmerz sowie die Enttäuschung – und erst recht auf missbräuchliches Verhalten, Drohungen, Traumata und Gewalt – meist mit dem Schluss: Wenn ich nicht mehr fühle, werde ich auch nicht weiter unglücklich sein. In der Fachsprache nennt man das Dissoziation. Das Kind spaltet innerlich ab, was ihm weh tut. Diese Tendenz zur Gefühlsvermeidung wird durch die Eltern zum Teil noch verstärkt. Dabei sollten gerade sie das Kind zu dem ermutigen, was für eine gesunde Entwicklung so wichtig ist: nämlich Gefühle dann zu durchleben, wenn sie aufkommen.

Das Schmerzliche an einem Gefühl ist nie das Gefühl selbst, sondern die Spannung, die dadurch entsteht, dass es kontrolliert und unterdrückt wird.

Statt den mutigen und richtigen Schritt zu lernen, negative und auch unreife Gefühle zunächst anzunehmen, damit sie reifen und konstruktiv werden können, werden sie aus dem Bewusstsein entfernt und vergraben. So bleiben sie im System: in ihrer Ausprägung unangemessen und im Ausdruck zerstörerisch. Dies ist leider auch der Fall, wenn der Betroffene sich ihrer Existenz nicht bewusst ist.

Es braucht dann später nur etwas äußeren Druck und eine Lücke in unserem erwachsenen Kontrollsystem, und schon bricht die alte aufgestaute Angst, Wut oder Aggression aus uns heraus. Und scheint dann in keiner Relation zu unserer aktuellen Lebenssituation zu stehen. Da stehen wir mit unserem Vortrag vor einem Publikum und werden von einer so heftigen Versagensangst überfallen, dass wir nicht mehr sprechen können. Da sehnen wir uns so sehr nach Nähe und haben doch Angst, uns auf einen Menschen einzulassen. Aber wir sollten uns nicht dafür verurteilen. Damals, als sich alles in uns angestaut hat, wussten wir es nicht besser.

mini *ida*

Sich beeltern

Der Junge oder das Mädchen, das Sie einmal waren, lebt in Form von Emotionen in Ihnen weiter. Nehmen Sie dieses innere Kind in den Arm, wann immer Sie es bemerken. Wenn Sie überängstlich sind oder plötzlich von starken Gefühlen überwältigt werden, die nicht zu Ihrer erwachsenen Realität passen, kämpfen Sie nicht dagegen an. Wenden Sie sich ihnen ganz bewusst zu und lernen Sie sie kennen. Würdigen Sie sie. Stellen Sie sich vor, wie Sie sich dem kleinen Jungen oder Mädchen zuwenden. Spenden Sie sich in Gedanken Trost und seien Sie mitfühlend.

Schließen Sie dabei ruhig die Augen und nehmen Sie einige tiefe Atemzüge. Halten Sie sich vor dem Bauch an den Ellenbogen umschlungen und streichen Sie sich liebevoll über die Oberarme, so als ob Sie sich selbst im Arm hielten. Aber machen Sie kein Drama aus der Situation. Würdigen Sie Ihren Schmerz offenen Herzens und verinnerlichen Sie auch, dass Sie heute ein Erwachsener sind, der neue Möglichkeiten hat, für sich zu sorgen.

Viele Menschen führen ihr Leben lang unbewusst fort, was sie früh gelernt haben: Gefühle zu halten, zu unterbrechen und zu betäuben, um möglichen Schmerz nicht spüren zu müssen. Nur leider kommt so das Unglück, das wir unbedingt vermeiden wollten, immer wieder neu zu uns zurück. Denn der Schmerz steckt zwar innerlich fest, ist aber in sich sehr lebendig. Er braucht Nahrung, um weiterleben zu können. Und die einzige Nahrung, die ihn am Leben erhält, ist neuer Schmerz.

Auch wenn es paradox klingt, aber Ihr Schmerzkörper mag es nicht, wenn es Ihnen gut geht. Denn dann verhungert er innerlich. Er braucht Schmerz. Er liebt ihn geradezu. Gute Gefühle kann er nicht verdauen. Er braucht Energien, die zu seinen eigenen passen, dann kann er in seiner alten, gewohnten Welt weiterexistieren. Daran ist nichts Persönliches. Ihr Schmerzkörper ist nicht Ihr Feind. Es ist einfach das Prinzip der Resonanz – eines der universellen Grundgesetze –, das hier am Werk ist: Gleiches zieht Gleiches an.

Und damit setzt sich der Negativkreislauf weiter fort. Wir wollen Unglück und Schmerz bewusst vermeiden, doch beide schleichen sich immer neu in unser Leben. Und so wächst ein Selbstgefühl von Isolation, Einsamkeit und Ohnmacht zu unserer vermeintlichen Identität heran. Ohne Bewusstsein für unsere innere Spannung werden wir von ihr ständig angetrieben, nach Höhen, Kicks, neuen Abenteuern, Partnern, Jobs und Herausforderungen zu suchen, um einem Leben zu entfliehen, das überall um uns herum eingefroren zu sein scheint.

Entziehen wir uns dem Schmerz, ziehen wir uns vor der unmittelbaren Erfahrung des Lebens und damit von unserem Glück zurück. Wir sorgen selbst dafür, dass unsere schöpferischen und kreativen Fähigkeiten abstumpfen und wir nur noch einen Bruchteil unserer Kräfte nutzen können. Doch wir entkommen diesem Problem nicht, indem wir uns in die Welt des Verstandes flüchten. Der einzige Weg zurück ist der Weg in den gegenwärtigen Moment, um hier und jetzt den Kreislauf zu durchbrechen.

Im gegenwärtigen Moment erleben Sie zwar Schmerz, Spannung und quälende oder Sie gar tyrannisierende Gedanken. Aber diesmal tun Sie es bewusst. Diesmal können Sie den

Kreislauf der Identifikation und Reaktivierung durchbrechen. Der Schmerz kann der direkte Zugang zur Welt hinter der Wolkendecke werden: zu idas Welt in Ihrem Inneren.

So! Geschafft! Sie sind tatsächlich einmal durch die zähe, innere Wolkendecke hindurch …

Vielleicht können Sie gerade tatsächlich mit etwas Abstand auf die Geschichten in Ihrem Kopf blicken und sogar darüber schmunzeln, dass Sie sich das Leben so schwer machen. Vielleicht haben Sie gerade das Gefühl, zum ersten Mal ganz anders auf sich und das Leben zu schauen. Vielleicht bekommen Sie eine Ahnung davon, was mit »Erleuchtung« gemeint sein könnte.

Aber dann geht die Tür auf, und Ihr Partner kommt gestresst von der Arbeit nach Hause … Das Telefon klingelt und Ihre Mutter ist dran wegen der Familienfeier nächsten Sonntag … Und schon ist es vorbei mit Ihrem ersten Anflug von Erleuchtung.

ida tipp

Lesen Sie sich um den Verstand

Lesen oder hören Sie Texte, die in einem offenen Bewusstsein geschrieben sind, immer wieder von Neuem. Wenn Sie merken, wie Sie wieder unbewusst werden und Ihr Schmerzkörper aktiv wird oder dass Sie in zerstörerischen Fantasien zu versinken drohen. Sagen Sie »Stopp!« zum Gedankenkarussell und lesen Sie über die Dynamik Ihres Verstandes und Ihrer Emotionen.

Wenn Sie sich wieder im ewig gleichen Streit mit Ihren Eltern, Ihren Kindern oder Ihrem Partner verloren haben: Nehmen Sie sich ein paar Minuten und lesen Sie über die wahren Abläufe in der Wolkendecke. Verbringen Sie so viel Zeit wie möglich mit dem Verinnerlichen dieses Bewusstseins. Sie werden sehen, wie sich langsam, aber sicher der Raum weitet und Sie nicht mehr bei allem ihrem inneren Programm folgend reagieren müssen.

Mein Mann und ich haben zu Hause einen Stapel von Hör-CDs, zum Beispiel von Eckhart Tolle, Jack Kornfield oder Thich Nhat Hanh, auf denen entweder ihre Bücher vertont oder ihre Vorträge mitgeschnitten sind. Wir hören diese CDs in allen möglichen Situationen: beim Aufräumen, Kochen, Autofahren, auf der Couch, nach einem Krach und vor herausfordernden Situationen. Manche CDs habe ich sicher schon mehrere hundert Male gehört. Dadurch hat sich ihre Botschaft und Weisheit im Laufe der Jahre tief in mir ausgebreitet und gesetzt.

Wenn ich in Hektik verfallen bin, mich im Tun verloren habe oder zu viel nach außen gebe, helfen mir vor allem Eckhart Tolles Worte, wieder zu mir zurückzufinden. Manchmal reichen mir fünf oder zehn Minuten als Break nach einem hektischen Tag, und schon entspannt sich etwas in mir, löst sich ein tiefer Atemzug. Ich habe wieder Abstand zu dem inneren Tumult und kann bei ida landen.

Es gibt so viele Möglichkeiten, sich das Herunter- und Ankommen zu erleichtern. Seien Sie erfinderisch. Basteln Sie sich maßgeschneiderte Lösungen für Ihr Leben, um zu landen und aufzuwachen.

MIT SICH SELBST AUF TUCHFÜHLUNG GEHEN

Die Frage ist nun: Wie kommen Sie über die Wolkendecke? Die Antwort lautet: Indem Sie lernen, Ihre Aufmerksamkeit von außen nach innen tief in den gegenwärtigen Augenblick hinein zu verlagern. Darin und in Ihnen eröffnet sich alles, wonach Sie suchen. Strengen Sie Ihren Verstand gar nicht erst an. Das Geheimnis, das in dieser Antwort verborgen liegt, entzieht sich seinem Zugang. Es wird sich Ihnen nur innerlich mit dem Herzen erschließen.

Sie haben zwar Ihre natürliche Verbindung nach innen und Ihren Kontakt zu Ihrer natürlichen Steuerung verloren. Sie haben nicht mehr auf Ihr Herz gehört. Doch eben Ihr Herz zeigt Ihnen den Weg zurück, was auch immer in Ihrem Leben falsch gelaufen sein mag. Nur in ihm können Sie Ihr Potenzial entdecken, und nur von ihm aus können Sie Frieden finden. Wenn Sie sich nach Heilung oder einer Lösung sehnen, finden Sie beides, indem Sie die feinen Signale Ihres Systems wieder wahr- und ernst nehmen.

mini ida

Bei mir ankommen

Nehmen Sie einen bewussten, tiefen Atemzug. Schließen Sie die Augen. Atmen Sie nochmals tief ein und aus und lassen Sie beim Ausatmen die Schultern sinken. Spüren Sie Ihrem Atem nach. Suchen Sie den Punkt in Ihrem Körper, an dem Sie ihn beim Einatmen zum ersten Mal wahrnehmen: Ist er in der Nase? Im Rachen? In der Brust? Unter der Bauchdecke? Nehmen Sie noch einen Atemzug und spüren Sie, ob Sie den Atem bis hinunter ins Becken wahrnehmen können.
Wie fühlt es sich an in Ihrem Körper? Haben Sie Boden unter den Füßen? Können Sie die Schultern noch ein wenig fallen lassen? Das Kinn etwas mehr zur Brust gehen lassen? Wie wird Ihr Po von der Unterlage getragen? Können Sie ihn noch weiter in die Unterlage sinken lassen?
Legen Sie eine Hand auf Ihr Herz. Spüren Sie die Wärme, die von der Hand ausgeht? Können Sie sie in Ihr Herz fließen lassen? Ihm danken, dass es so viel getragen hat und immer noch still auf Ihre Rückkehr wartet? Spüren Sie eine Weile nach, wie sich das in Ihnen anfühlt. Wonach sehnt sich Ihr Herz? Nach Berührung? Nach Öffnung, Nähe, Empfangen oder Ruhe?
Sind Sie müde genug vom Denken, Machen, Hoffen, Planen und Festhalten? Sind Sie bereit loszulassen?

Wenn Ihr Leben gerade anders ist, als Sie es gerne hätten, versuchen Sie es vielleicht mit aller Kraft zu ändern. Sie kämpfen um mehr Erfolg, mehr Geld, mehr Freiheit. Vielleicht arbeiten Sie mit aller Macht daran, Ihren Partner zu ändern, oder suchen nach neuen Menschen, um Ihr Beziehungsleben endlich erfüllend zu gestalten. Vielleicht sind Sie auch auf allen Kanälen erreichbar und vernetzt: Handy, Radio, Fernsehen, surfen, chatten, E-Mails abrufen, SMS versenden … Sie leben ein Leben auf Flatrate, in dem immer und überall grenzenloser Kontakt möglich ist. Nur mit sich selbst sind Sie nicht mehr in Verbindung.

So normal ein nach außen orientiertes Leben voller Aktivitäten heute auch scheinen mag, auf Dauer führt es uns auf einen Irrweg. Denn wir entfernen uns immer weiter von dem Ort, an dem wir finden, wonach wir die ganze Zeit suchen, und wo die wahren Veränderungen stattfinden: von unserem Inneren. Außerdem verlernen wir die feine Kommunikation mit uns selbst, spüren nicht mehr, was wir brauchen, und nehmen die kleinen Signale unseres Herzens und unseres Körpers nicht mehr wahr.

Kürzlich habe ich folgenden Spruch gelesen:

Versäume nicht, einige Zeit des Tages
mit dir selbst zu verbringen.

Fragen Sie sich: Wie viel Zeit verbringen Sie wirklich bewusst im Kontakt mit sich selbst? Bei den meisten Menschen ist das nicht viel. Doch: Es scheint heute so normal, den ganzen Tag auf Sendung und in Außenaktivitäten aufgesogen zu sein – aber ist es das wirklich? Erlauben Sie sich doch einmal die Frage:

Wenn Sie nicht mit sich selbst in Verbindung sind, wer sollte es dann sein?

Wer könnte Ihnen nahekommen, wenn Sie es selbst nicht sind? Doch in Ihnen ist tatsächlich alles vorhanden, wonach Sie suchen. Aber Sie sind nie da. Stellen Sie sich vor, Sie reisen durch die ganze Welt, auf der Suche nach einem Schatz, den Sie immer bei sich haben. Sie schaffen und hetzen sich durch Ihr Leben, aber Ihr eigentliches Potenzial bleibt dabei weitgehend unberührt.

Ob im Job, in Ihren Beziehungen, Ihrer Kreativität oder Ihrer Lebensfreude – von allem, was möglich wäre, leben Sie nur einen kleinen Ausschnitt. Manche von uns suchen ihr halbes Leben lang nach der großen Liebe, nach Zuwendung und Nähe. Hoffen immer wieder neu, dass andere sie endlich verstehen, richtig behandeln und wertschätzen. Aber ihre eigene Liebe bleibt ihnen selbst und damit auch den anderen verborgen. Sie sehen nur die Verpackung und entdecken nie das Geschenk im Inneren.

Viele Menschen, die zu mir kommen, glauben, sie hätten irgendetwas verpasst oder zunichtegemacht, weil sie gerade turbulente Zeiten in ihrer Beziehung oder ihrem Job erleben. Weil sie ihre Ziele nicht erreichen, keine Sicherheit finden oder den Belastungen in ihrem Leben nicht mehr standhalten können. Weil sie mit dem, was wir unter einem sogenannten normalen Leben verstehen, nicht mehr zurechtkommen, ja unter ihm leiden.

Doch nicht diese Menschen sind falsch. Ihre Art zu leben entspricht nur nicht ihrem Wesen. Ihnen fehlt nichts, im Gegenteil, sie sind eher zu voll: mit Gedanken, Spannung, aufgestauter Energie und festgehaltenem Schmerz. Dieser ganze Berg steht zwischen ihnen und ihrem Leben, ihrem Partner, ihrer Sexualität, ihrer Kreativität, ihrem Erfolg und ihrem Herzen. Vor diesem Hintergrund sind Lebenskrisen kein Grund zur Selbstverurteilung, auch nicht zur Resignation, sondern zum Aufwachen, Loslassen und Wieder-bei-sich-Ankommen.

Sie können nicht empfangen, wenn Sie nicht lernen, sich zu öffnen und loszulassen. In Zeiten der Krise und des Umbruchs neigen wir alle dazu, ängstlich an unseren Gewohnheiten, an Sicherheit und Vergangenheit festzuhalten. Das Verrückte ist nur: Genau das Festhalten hat uns an diesen Punkt gebracht. Festhalten und Kontrollieren – beides ist wie die geschlossene Faust um unser Leben: Irgendwann kommt nichts mehr hinein und geht nichts mehr heraus.

mini ida

Die Faust öffnen

Machen Sie eine Faust und halten Sie sie fest geschlossen. Nun versuchen Sie, mit dieser Hand irgendetwas an- oder aufzunehmen, mit ihr zu berühren. Schauen Sie die Faust ganz bewusst an und fragen Sie sich, ob Sie wieder annehmen, aufnehmen und berühren wollen. Und dann sehen Sie Ihrer Hand bewusst dabei zu, wie sie sich öffnet. Oder spüren Sie nach, wie es sich anfühlt, wenn die Faust weiter geschlossen bleibt.

Wenn wir loslassen, verlieren wir immer nur das, was in der Tiefe nicht mehr zu uns gehört. Falls sich bei Ihnen gerade Türen schließen oder Gewohntes seinen Glanz oder seine Lebendigkeit verliert, wenn Ihre Lebensumstände Sie zum An- und Innehalten zwingen, ist es Zeit, die Faust wieder zu öffnen und das Leben zu empfangen. Sie stehen an einem entscheidenden Punkt, der Kraft in sich birgt. An ihm geht es darum, endlich die Richtung von außen nach innen zu wechseln und damit auf das zuzusteuern, wonach Sie die ganze Zeit gesucht haben. Sie können jetzt sich selbst jenseits der vier Prozent kennenlernen. Mal ganz ehrlich: Wahrscheinlich würden Sie dieses Buch niemals lesen, wenn bei Ihnen alles glattliefe. Den meisten begegnet ida erst dann.

Mir ist ida zum ersten Mal begegnet, als sich mein Leben anfühlte wie eine alte, zu enge Hose. Trotz meiner intensiven Suche im Außen und all meiner Fragen fand ich nirgendwo hilfreiche Antworten. Weder angestrengtes Kämpfen noch mein Wille half mir weiter. Müde und erschöpft saß ich in der dunklen Wolkendecke fest. So sehr, dass mich ein Nervenzusammenbruch zwang loszulassen, still zu werden und zu kapitulieren.

Leise und fast unmerklich ist ida damals in mein Leben getreten. Seit sie mich auf meinem Weg begleitet, ist kaum ein Stein auf dem anderen geblieben. Inzwischen habe ich sie als meine Lehrerin akzeptiert, die mir mehr gilt als jede äußere Autorität. Ida ist die größte Wandlungskraft, die ich je erfahren habe. Sie hat mir nicht weniger gezeigt als die Liebe. Sie hat mir eine Fülle offenbart, von der ich keine Ahnung hatte. Sie hat mich ermutigt, meine Talente zu entfalten. Von ihr habe ich gelernt, meinem Herzen zu lauschen. In der Begegnung mit ihr habe ich den Mut und die Klarheit gefunden, mich endlich von alten, belastenden Gewohnheiten, Verpflichtungen und Bindungen zu lösen.

Manchmal hat sie mich regelrecht berauscht. Manchmal hat sie mich gehalten, damit ich nicht mehr vor dem Schmerz in mir weglaufe, sondern zu der gestauten Kraft in meinem Kern zurückfinde, mich ihr hingebe und sie wieder ins Leben fließen lasse. Manchmal hat sie mich ins Ziel geschleppt. Manchmal hat sie mich weiter und weiter über meine vermeintlichen Grenzen hinaus bewegt, obwohl ich schon lange glaubte, keine Kraft mehr zu haben.

Aber vor allem hat sie mich immer wieder neu gelehrt, voll und ganz anzunehmen, was ist. Damit hat sie mir ein inneres Zuhause geschenkt, in dem ich Frieden, Entspannung, Gelassenheit, Mut und Weisheit gefunden habe. Mit ihr setzten in unzähligen Bereichen meines Lebens Heilung und Transformation ein.

Sind Sie bereit für solch einen grundlegenden, aber lautlosen Wandel? Sind Sie bereit:

- mehr Klarheit für den eigenen Weg zu finden
- besser für die eigenen Bedürfnisse zu sorgen
- sich aus Abhängigkeiten zu lösen
- von suchthaften und behindernden Mustern loszulassen
- Blockaden zu lösen
- Versagensangst und Leistungsdruck zu überwinden
- innere Ruhe und Balance zu finden
- mehr innere Stabilität zu finden
- Stress, Angst und Spannung abzubauen
- Schmerzen zu lindern

- aus gedanklichen Negativspiralen auszusteigen
- besser auf Ihr Herz und Ihren Körper zu hören
- neue Kreativität zu entwickeln
- wieder wacher und aufmerksamer im Leben zu werden
- Freude in den kleinen alltäglichen Dingen zu finden
- wieder mehr Liebe und Herzenswärme zu spüren
- neue Energie und Lebensfreude von innen zu entwickeln
- aufmerksamer und konzentrierter zu werden
- schädliche Muster loszulassen
- auszusteigen aus Schuldgefühlen
- Abschied zu nehmen von überholten familiären Prägungen?

Ich bin dann mal weg: Multitasking und Multimedia

Beim ida-Prozess müssen Sie nichts leisten, müssen nicht arbeiten oder etwas erreichen. Aber Sie müssen immer wieder Ihre Perspektive ändern und eingefahrene Gewohnheiten »verlernen«. Zum Beispiel ein Verhalten, das für viele von uns zu den Errungenschaften unseres modernen Erfolgslebens gehört, in Wahrheit aber so viel Unbewusstheit und Spannung erzeugt und sich im Umgang mit ida eher als eine der modernen Zivilisationskrankheiten entpuppt: das Multitasking. Gerade Frauen fühlen sich nicht selten wie auf dem Zenit einer neuen weiblichen Anführerschaft, wenn sie fünf Sachen gleichzeitig tun und sagen können: »Ich kann eben Multitasking!«

Aber Multitasking ist Gift für ida und offen gesagt reine Selbstausbeutung. Seien Sie nicht länger stolz auf diese Fähigkeit, denn Multitasking zerfasert Ihr Inneres unmerklich. Ihre Konzentration wird in Bruchstücke zerlegt, und Sie tun alles Mögliche, ohne mit Ihrem Bewusstsein oder gar Ihrem Herzen wirklich dabei zu sein. Beim Multitasking funktionieren Sie eher wie eine Maschine.

Auch wenn die allermeisten Menschen Multitasking als einen Segen betrachten, einfach weil man damit die wachsenden Anforderungen scheinbar besser unter einen Hut bekommt: Das ist ein Trugschluss: Abgesehen von der immensen Reizüberflutung für Ihr System sorgt das Parallel-Erledigen dafür, dass Sie einfach immer mehr immer mechanischer tun. Alles wird erledigt, aber nichts hat dabei Tiefe.

Wenn Sie sich nach Erfüllung sehnen und danach, dass ida in Ihr Leben findet, sollten Sie sich darin üben, wieder eins nach dem anderen zu tun, und das so bewusst und wach wie möglich. So kann sich Ihnen der Augenblick wieder langsam in seiner Fülle öffnen, und Sie können live erleben, dass es für die Qualität Ihrer Handlungen und deren Ergebnisse nicht entscheidend ist, wie viel, sondern mit wie viel Liebe und Präsenz Sie es tun.

Wenn Sie einen schnellen Rhythmus haben und Ihr Tag vor allem aus Routinetätigkeiten besteht, sind Sie wahrscheinlich die meiste Zeit nicht »da«. Vielmehr stehen Sie permanent unter Druck. Sie sind in Gedanken verloren, aber nie wirklich präsent. So können Sie zwar einiges wegschaffen. Aber Sie schaffen eben nur weg, ohne im Hier und Jetzt, ohne im Inneren mit sich selbst verbunden zu sein. Und alles, was Sie lange und oft tun, automatisiert sich. Und ehe Sie sich's versehen, macht sich das mechanisierte »Zerbröseln« Ihrer Aufmerksamkeit auch dort bemerkbar, wo Sie es gar nicht wollen und es Ihnen nicht guttut. Was ich damit meine, kennen Sie sicher auch:

- Sie können in nichts mehr richtig aufgehen und sind immer nur halb da.
- Sobald Sie zur Ruhe kommen, spüren Sie einen unterschwelligen Druck und innere Unruhe.
- Auf dem Weg aus dem Haus fragen Sie sich, ob Sie die Wohnungstür gerade abgeschlossen haben oder nicht.
- Nach einer Besprechung haben Sie das Gefühl, alles ist an Ihnen vorbeigerauscht.

- Sie wollen endlich einmal eine Sache in Ruhe erledigen, können sich aber nicht darauf konzentrieren.
- Bei Ihren Kindern und Freunden sagen Sie immer häufiger mit abwesendem Blick: »Ja, ja.« Und wissen hinterher nicht mehr, was die anderen eigentlich von Ihnen wollten.

Ihre Fähigkeit, sich für den gegenwärtigen Moment und damit für sich selbst zu öffnen, geht durch Multitasking verloren. Sie leben vielleicht dem Anschein nach effektiv, das heißt aber nicht intensiv. Multitasking verstärkt den Effekt des Overloads: Durch die Fragmentierung in Ihrem Inneren werden Sie rastloser und können anderen immer weniger geben. Begegnungen und Erfahrungen verblassen rasch. Langfristig kann ein andauerndes Parallel-Funktionieren schlicht krank machen. Vor lauter Multitasking leben Sie irgendwann wie ein Raumschiff im All und können nicht mehr richtig landen und die kleinen Freuden des Lebens genießen.

- Sie essen, ohne zu merken, wie es schmeckt. Einfach weil Sie mit Ihren Gedanken woanders sind.
- Sie riechen den Frühling nicht mehr. Weil Ihre Sinne unter zu viel Spannung im Körper erlahmt sind.
- Ihre Beine laufen durch den Wald, aber Ihr Kopf ist im Büro. Weil Sie gar nicht mehr wissen, wie Sie abschalten und bei sich landen sollen.

- Das ersehnte ruhige Wochenende naht, aber Sie können die Ruhe gar nicht aushalten. Machen schnell noch eine Verabredung aus und noch eine … Weil Sie gar nicht mehr nur mit sich sein können.
- Sie haben ein lang ersehntes Ziel erreicht. Aber statt dies zu genießen, fühlen Sie sich ruhelos und angetrieben, schon wieder das nächste Ziel anzusteuern.
- Ihr Schaffensmodus lässt sich nicht mehr natürlich herunterregulieren, und Sie können nicht mehr umschalten auf Empfang.

Multitasking führt Sie systematisch vom Leben weg, deshalb sollten Sie sich auf Ihrem Weg zu ida sukzessive davon verabschieden. Wenn Sie das nächste Mal wieder mehrere Sachen gleichzeitig tun, dann bewusst. Spüren Sie nach, wie viel Sie von den einzelnen Dingen wirklich mitbekommen und wie es Ihnen innerlich dabei geht. Wenn Sie telefonieren, dabei Ihre E-Mails checken und dem Kollegen den neuen Sitzungsplan aushändigen, wenn Sie Ihr Baby stillen und nebenher das Mittagessen kochen, wenn Sie Auto fahren und gleichzeitig auf Ihr Navi hören und Italienisch lernen …

- Wie sehr sind Sie bei sich und mit sich verbunden?
- Wie viel Druck und Tempo herrschen gerade in Ihnen und um Sie herum?

- Wie viel von dem, was Sie tun, erleben Sie bewusst?
- Was fühlen, schmecken oder riechen Sie?
- Welche innere Haltung haben Sie beim Tun?
- Sind Sie bei der Sache oder eigentlich schon in der Zukunft?
- Geht es um das Tun? Oder eigentlich darum, etwas hinter sich zu bringen?
- Wie sehr können Sie sich selbst wahrnehmen? Was spüren Sie?
- Was bekommen Sie von den Menschen um Sie herum mit?

Können Sie sehen, wie oft Sie einen Teil von sich abspalten und wie sehr das Leben dann an Ihnen vorbeirauscht? Wie sehr Sie durch Ihren Alltag hasten, ohne ihn wirklich zu er-leben? Da sind diese Tage, an denen Sie sich an jedem Türpfosten stoßen, Ihnen ein Glas herunterfällt, Sie sich das Hemd bekleckern. Diese Tage sind nicht verhext. An ihnen sind Sie weit von sich und vom gegenwärtigen Augenblick entfernt. Ihr Kopf nimmt Ihr Selbst komplett in Anspruch, und Ihr Körper rast wie ein fahrerloses Auto orientierungslos umher. Ich bin dann mal weg. »Weg« zu sein vom Augenblick und von sich selbst ist für die meisten von uns zum Normalzustand geworden. Wir leben oben im Kopf statt im Leben.

Unser Multitasking hat als Verbündeten unsere mediale Überlastung. So viele Kinder erleben die Welt von klein auf als eine Playstation, Jugendliche und Erwachsene treffen sich abends bei Facebook oder in anderen sozialen Medien statt persönlich. Wie viele Menschen leben ihre Sexualität über Pornos im Internet aus. Wie viele verbringen mehr Zeit mit ihren E-Mails als mit ihrer Familie. Und wie viele Menschen sitzen Tag für Tag stundenlang vor dem Fernseher.

Wir bewegen uns immer öfter nur im Kopf und überlassen es den Medien, ihn mit Bildern zu füllen und damit über unsere Gedanken, Gefühle und unser Leben zu bestimmen. Wir sind gierig nach immer neuen Informationen, immer neuer Nahrung und setzen uns dadurch unter Stress. Erinnern Sie sich, was in unserem Körper passiert, wenn er einem Strom von Reizen ausgesetzt ist, die er nicht real verarbeiten kann? Stress! Erlauben Sie sich einmal einen Perspektivwechsel, wenn Sie sich abends vor den Fernseher setzen. Sagen Sie nicht mehr: Ich muss mich mal ein bisschen beim Fernsehen entspannen. Sagen Sie sich: Ich muss mich noch ein bisschen weiter stressen. Das beschriebe Ihre tatsächliche innere Erfahrung besser.

Aus meiner Familie ist das Fernsehen im Laufe der letzten Jahre ganz verschwunden. Am Anfang hätte ich gar nicht sagen können, warum. Wir hatten einfach immer weniger Lust darauf, und es gab immer mehr anderes, was uns mehr faszinierte als der Bildschirm im Wohnzimmer. Als ich nach einiger Zeit dann wieder einen Film anschauen wollte, musste ich feststellen, dass dies nicht mehr so einfach ging wie früher. Ich setzte mich vor den einst gemütlich genossenen Sonntagskrimi, in dem es gerade um Kindesmissbrauch, Frauenhandel oder mafiöse Erpressung ging, und mein Herz fing an zu rasen.

So hörte ich auf, diese Filme zu sehen. Irgendwann schaute ich auch nicht mehr die Abendnachrichten mit all ihren Schreckensbildern, kurz bevor ich ins Bett ging. Aber das alles ging vonstatten, ohne dass ich mir über die inneren Zusammenhänge tatsächlich bewusst gewesen wäre. Ich merkte nur, dass ich empfindsamer wurde und einfach keine Lust mehr aufs Fernsehen hatte. Da es aber eine so große Rolle in unserer Gesellschaft spielt, blieb in Gesprächen mit Freunden natürlich nicht verborgen, dass ich schon wieder dieses oder jenes nicht gesehen hatte. So bekamen meine Familie und ich mit der Zeit den Status entrückter Sonderlinge mit ernsthaften medialen Informationslücken. Wir konnten allerdings gut damit leben, da wir wussten, dass diese Lücken reich mit anderem gefüllt waren. Was mich aber tatsächlich vom Fernsehen abhielt, konnte ich in den Gesprächen nie wirklich benennen.

Bis ich mich beim Lesen von Eckhart Tolles Buch *Eine neue Erde* auf einmal selbst verstand: »Wenn dir unsere gegenwärtige Zivilisation fremd wäre, weil du aus einem anderen Zeitalter oder von einem anderen Stern kämst, würde dich eines wirklich in Staunen versetzen: dass Millionen Menschen es genießen und dafür bezahlen, zuzuschauen, wie Menschen einander töten und sich gegenseitig Leid zufügen, und dass sie dies Unterhaltung nennen.« Als ich das las, dachte ich: Genau! Da wusste ich, warum mein Herz raste und ich schlecht schlafen konnte nach der scheinbar normalen Abendunterhaltung. Mir wurde klar, dass das Fernsehen mich mit Reiz überflutete und für Stress und je nach Inhalt auch Angst in meinem inneren System sorgte, die dieses aber nicht verarbeiten konnte. Und dass ich durch meinen veränderten Lebenswandel anfing, mein Inneres mit seinen Regungen deutlicher zu spüren.

Ich begriff, dass das Fernsehen ein Schlaraffenland für meinen Schmerzkörper war. Während ich mit einer Tüte Chips im Sessel saß, konnte mein Schmerzkörper gemütlich den ganzen Stress vom Bildschirm verspeisen und sich wieder mit Spannung und Drama aufladen. Und ich kam zu der Annahme: Ein Großteil des Programms wird nicht von den Menschen, sondern von ihren Schmerzkörpern gemacht.

Als ehemalige Journalistin weiß ich: *Good news are no news. Bad news are good news.* Um eine Zeitung zu verkaufen oder einem Nachrichtenmagazin gute Quoten zu bringen, braucht man dramatische Nachrichten. Ein guter Journalist muss schlechte oder zumindest dramatische Gefühle beim Zuschauer, Zuhörer oder Leser erwecken können. Er muss wissen, was der Schmerzkörper will.

Doch warum empfinden wir das Fernsehen trotzdem als

entspannend? Weil wir dabei nicht denken müssen. Weil wir von unseren eigenen Denkmechanismen vorübergehend erlöst werden, indem wir über den Bildschirm ein anderes Programm in uns hineinprojizieren. Wir haben dann scheinbar keine eigenen Probleme mehr im Kopf, sondern die Seifenoper, den Krimi oder die Talkshow. Selbst wenn es sich so anfühlt: Der Verstand ist dabei nicht inaktiv, er produziert nur nichts Eigenes, sondern verarbeitet lediglich Fremdes. Er wird passiv und extrem empfänglich und nimmt unbewusst alles auf, was aus dem Fernseher kommt.

Auch wenn Sie sich für einen bewussten Fernsehkonsumenten halten, bewegt sich Ihre Selbstwahrnehmung damit innerhalb Ihrer vier Prozent. Medien wirken tief ins Unbewusste, in Ihre 96 Prozent hinein und haben die Kraft einer Massenhypnose. Deshalb werden Millionenetats in Werbung investiert. Wir konsumieren Medien. Und die Nachrichten, die dort verbreitet werden, bestimmen den Kontext unseres Denkens. Stellen Sie sich nur einmal vor, Journalisten hätten von nun an die Vorgabe, vor allem gute Nachrichten zusammenzutragen. Nach dem Motto: *Good news are news.* Wir alle würden schlagartig in einer anderen Welt leben.

Mir geht es hier nicht darum, die Realität zu verdrängen oder die Medien zu verdammen. Richtig genutzt, können sie einen positiven Wandel auf der Welt beschleunigen. Aber die Medien werden auch nur von Menschen gemacht. Und da ich selbst viele Jahre leidenschaftlich als Journalistin gearbeitet habe, weiß ich, dass diese Menschen genauso gefangen in ihrer Unbewusstheit sind wie alle anderen, die die Medien konsumieren.

Deshalb ist es so wichtig, dass wir lernen, unser eigenes inneres Programm wieder zu empfangen und unsere natürliche Navigation wieder in Gang zu setzen, statt uns immer mehr zu verlieren in einem unbewussten äußeren, sich selbst nährenden Informationsstrom. Vor allem Kinder brauchen dieses Andocken an ihr Inneres, ein Andocken, das ihnen Selbstwertgefühl und natürlichen Halt geben kann. Sie wachsen fast nur noch in virtuellen Fremdwelten auf und werden so immer mehr von sich selbst und ihren eigenen Erfahrungen getrennt.

Kürzlich las ich die Aussage eines erfahrenen Jugendarbeiters, dass die Jugendlichen sich heute kaum noch küssen würden. Selbst das Verständnis der Mädchen von Sexualität sei immer mehr durch Pornos statt durch eigenes Herantasten geprägt. Und in Pornos würde nun mal nicht geküsst.

Wenn Sie fernsehen, dann tun Sie es möglichst nicht vor dem Einschlafen. Denn in dieser Zeit und auch kurz nach dem Aufwachen stehen Ihre inneren Türen in tiefere Regionen Ihres Selbst weit offen, und alles fließt ungefiltert in Ihr Inneres. Sie nehmen den Krimi oder die Abendnachrichten mit in den Schlaf, wo die Bilder und Informationen weiter in Ihnen arbeiten. Wählen Sie stattdessen etwas als Begleiter in die Nacht, das Ihr Wesen und Ihr Herz nährt und Ihnen guttut: Schütteln Sie noch einmal Ihren Körper aus und den Tag mit seinen

Verspannungen ab, bevor Sie ins Bett gehen. Fragen Sie sich, wofür Sie heute dankbar sein konnten – mag es auch nur etwas Kleines sein –, und nehmen Sie diese Gedanken mit in den Schlaf. So kann Ihr System sich gut regenerieren.

Geben Sie sich auch morgens nach dem Aufstehen eine stille, »leere« Zeit, in der Sie schon wach, aber noch mit sich selbst allein sind. Lassen Sie Radio und Fernsehen aus. Stellen Sie sich den Wecker lieber fünf Minuten früher und machen Sie noch im Bett eine Mini-ida-Übung. Wenn Sie sich morgens früh gut und tief mit sich verbinden, gibt Ihnen das Halt für den Tag.

mini ida

Guten Morgen!

Wenn Sie morgens die Augen aufmachen, gibt es da als Allererstes meist einen »offenen« Moment ohne Gedanken und mit einer tiefen Verbindung in Ihren Körper hinein. Ihr »Bildschirm« ist noch leer. Das ist der Augenblick, bevor Ihr Programm im Kopf hochgeladen wird und Ihre gewohnten Gedanken, Gefühle und Regungen wieder aktiv werden.

Gehen Sie während der nächsten Tage einmal bewusst mit dem ersten Moment nach dem Aufwachen um: Fühlen Sie in Ihren Körper hinein. Beginnen Sie bei den Füßen und wandern Sie langsam hoch bis zum Kopf. Spüren Sie sich nur innerlich und nehmen Sie sich wahr. Das verankert Sie für den Tag.

Dann beobachten Sie bewusst, wie Ihr Programm geladen wird: Wie fühle ich mich? Welche Gedanken tauchen auf dem leeren Bildschirm als Erstes nach der Nacht auf? Wie fühlt sich mein Körper an?

Es kann gut sein, dass Sie feststellen: Die meisten Tage beginnen nur deshalb gleich, weil Sie automatisch die gleichen inneren Programme hochladen. Weil es da in Ihnen ein automatisiertes Bündel an Denk-, Gefühls- und Verhaltensgewohnheiten gibt. Entscheiden Sie sich neu. Geben Sie von nun an täglich etwas Neues in dieses Programm, indem Sie sich innerlich sagen: Möge ich mich heute so annehmen, möge ich mich so wertschätzen, wie ich bin.

Schenken Sie sich wieder Zeit für sich selbst. Erlauben Sie sich, einfach nichts zu tun und sich selbst zu spüren. Gehen Sie in den Garten. Gehen Sie schwimmen oder spielen Sie mit den Kindern. Hören Sie Musik. Aber nicht als Hintergrundbeschallung oder laute Betäubung, sondern als Seelennahrung. Instrumentalmusik übermittelt keine Verstandesinformationen. Sie erreicht unmittelbar das innere System. Machen Sie es sich bequem und hören Sie Musik, die den Verstand auf Urlaub schickt und Ihr Inneres nährt.

Beginnen Sie, mit Achtsamkeit durch Ihren Alltag zu gehen. Ab jetzt essen Sie, wenn Sie essen. Sie telefonieren, wenn Sie telefonieren. Und sitzen im Sessel, wenn Sie genau das tun wollen. Ein erfülltes Leben erreichen Sie nicht dadurch, dass Sie ein Ereignis an das andere reihen. Vielmehr geht es darum, sich auf jeden einzelnen Augenblick einzulassen und ihn wirklich erfahren und auskosten zu können.

mini ida

Der Leckerbissen des Tages

Spüren Sie zu gegebener Zeit in Ihrem Tages- und Essensrhythmus einen Moment nach: Was würde ich jetzt gerne essen? Wonach ist es mir gerade? Spüren Sie, wie Ihre Geschmacksnerven aktiv werden und innerlich suchen. Was geschieht in Ihrem Mund? Was kommt Ihnen in den Sinn?

Nehmen Sie sich dann ganz bewusst etwas von dem, wonach Ihnen ist: ein Stück Ihrer Lieblingsschokolade, eine Erdbeere, etwas Käse oder was auch immer. Tun Sie dies so langsam, dass Sie wirklich alles wahrnehmen können. Holen Sie die Köstlichkeit aus dem Schrank, packen Sie sie aus. Seien Sie achtsam und mit allen Sinnen dabei. Was fühlen Sie mit Ihren Händen: welche Form, welches Gewicht, welche Konsistenz? Atmen Sie den Geruch des Leckerbissens ein.

Führen Sie ihn zum Mund. Nehmen Sie Ihre Lippen wahr. Ihren Gaumen, wie er sich freut. Geben Sie die Leckerei behutsam auf Ihre Zunge und nehmen Sie sie dort mit all Ihren Geschmacksnerven wahr. Kauen und schlucken Sie sie mit Bedacht und Dankbarkeit dafür, dass Sie sich so etwas Wunderbares gönnen und Ihrem Körper schenken können.

Wenn Sie das erste Mal wieder in etwas Alltägliches so versunken sind wie ein Kind in sein Spiel, werden Sie erfahren, wie erfüllend ein erlebter Augenblick für Ihr Wesen, Ihr Herz und Ihr ganzes System ist. Wieder eines nach dem anderen zu tun, wieder zu landen bei sich und im gegenwärtigen Moment bringt langsam die Farbe zurück in Ihren Alltag und lässt die Gefühle wieder austreiben wie die Blüten im Frühling. Wenn Sie sich dem Moment zuwenden, öffnet sich Ihnen das Leben wieder. Ihre Verbundenheit zu allem vertieft sich. Ihre Lebendigkeit kommt in den Alltag zurück. Ruhe kehrt ein.

Auf diese Art nähern Sie sich ida langsam, vielleicht erst einmal unmerklich an. Ida lebt nur im gegenwärtigen Augenblick. Sie wartet geduldig darauf, dass Sie sich genau ihm zuwenden, damit sie sich Ihnen widmen kann. Denn sie kann Sie nur nähren und kräftigen, Ihnen ihre Weisheit und Heilkraft zuteilwerden lassen und Sie auf einen neuen Kurs bringen, wenn Sie bei sich landen und Ihrem Leben wieder Ihre Liebe und Achtsamkeit schenken.

An dieser Stelle muss ich einen kleinen Einschub machen. Vielleicht haben Sie ja während des Lesens schon ein bisschen herumprobiert: ein paar Mini-idas gemacht und hier und da einen Gang heruntergeschaltet. Haben bewusst versucht, dem Multitasking Grenzen zu setzen und sich öfter liebevoll Ihrem Körper zuzuwenden. Aber wenn Sie jetzt einer fragen würde, wie das Herunterschalten war, müssten Sie antworten: »Nervig! Ich habe keine Ahnung, wozu das gut sein soll!« Und wenn Sie sich vorstellen, Sie sollen nun auch noch achtsam telefonieren und ganz bewusst eine Erdbeere essen, macht Sie schon der Gedanke daran kribbelig.

Wenn die Ruhe Sie erst einmal verrückt zu machen droht, ist nichts daran falsch. Es spricht eher dafür, dass Sie auf dem richtigen Weg sind und dies hier Ihr Programm werden könnte. Wenn Sie beginnen, die Dinge wieder aufmerksam und bewusst zu tun, treten erst einmal Spannungen zutage, die Sie bisher nach innen gedrängt und »gedeckelt« haben. Sie kommen jetzt zwar endlich bei sich an, aber Sie fühlen sich nicht gleich verbunden oder spüren himmlische Ruhe über sich kommen. Es fühlt es sich eher so an, als ob Sie die Finger in die Steckdose halten.

Lassen Sie sich den Weg zu ida dadurch nicht verleiden. Stellen Sie sich vor, dass Ihre neue Bewusstheit wie eine Taschenlampe im Dunkeln wirkt. Alles, worauf Sie sie richten, wird erhellt und rückt in den Mittelpunkt Ihrer Wahrnehmung – das Negative allerdings genauso wie das Positive. So können Sie spontan die wohligsten Gefühle empfinden, wenn Sie die ersten Aufwärmübungen zur Körperwahrnehmung machen. Es kann sich anfühlen, als ob der Druck der letzten hundert Jahre von Ihnen abfällt, wenn Sie beginnen, nicht mehr zu klammern und sich in Ihr Innerstes fallen zu lassen.

Ihr Versuch, mehr Achtsamkeit in Ihr Leben und in den Augenblick zu bringen, kann aber auch heftigen Widerstand aktivieren. Wichtig ist trotzdem allein, dass Sie nicht Ihre neue Bewusstheit für den Tumult in Ihrem Inneren verantwortlich machen. Wenn Sie mit der Taschenlampe im hintersten Winkel Ihres Kellers eine tote Maus entdecken, glauben Sie ja auch nicht, dass die Leuchte das Tier dorthin gezaubert hat.

Je präsenter Sie im Augenblick sind, desto leichter können Sie an all den Stellen in Ihrem Inneren für Licht sorgen, die Ihrem Bewusstsein bisher verborgen geblieben sind. Allerdings finden Sie dabei meist als Erstes tote Mäuse: Unruhe, Spannungen, Schmerzen und jagende Gedanken.

Beim Sport gibt es Muskelkater, wenn Sie ungeübt sind. Beim Ankommen im Moment auch. Sie brechen durch Ihre bewusste Aufmerksamkeit mit Ihrer alten Gewohnheit, zu verdrängen. Da kann sich vorübergehend viel Widerstand und Unruhe im System aufbauen. Da kann es jucken und zwicken oder sich lähmende Erschöpfung ausbreiten. Sie können angespannt oder unleidlich werden. Warum? Weil Sie landen.

Wenn sich eine verspannte Stelle entspannt, kann das schon mal jucken oder ziehen.

Es kann auch sein, dass Sie plötzlich unglaublich müde werden. Im Falle von ida hat das meist nichts mit wirklicher Erschöpfung zu tun, sondern deutet eher auf die unbewusste Abwehr einer Öffnung hin. Wenn Sie dann versuchen, wach zu bleiben, könnten Ihre Gedanken immer hektischer werden. Oder in Ihrem Körper fängt es mit einem Mal an zu reißen und zu brennen. Dies sind alles Formen von Achtsamkeits-Muskelkater. Wenn es beim Training in Ihnen also einmal hoch hergeht: Es ist nicht so, dass jetzt alles schlimmer wird. Sie sind nur auf Aktivitäts-, Reiz- und Multitasking-Entzug. Der geht vorbei – und danach kommt ida.

Der ida-Prozess

Welche Veränderung auch immer Sie sich gerade am meisten wünschen mögen: Werden Sie still und halten Sie inne. Veränderung und Entwicklung brauchen Öffnung und Empfänglichkeit, um Blüten zu treiben. Auf Druck reagieren sie eher mit Erstarrung und Festhalten. Veränderung und Entwicklung folgen in allen Lebensbereichen fünf universellen Prinzipien, die aufeinander aufbauen. Wenn Sie wirklich einen Wandel herbeiführen und einen Prozess in sich in Gang setzen wollen, sollten Sie auf diese vertrauen:

- Hinwendung
- Einsicht
- Öffnung
- Annahme
- Empfangen

Sich Ihren Herausforderungen genauso wie Ihren Wünschen zuwenden, das ist der wahre Weg, um Ihr Leben neu auszurichten und wieder in die Balance zu bringen. Der ida-Prozess fasst diesen Weg in drei Kernschritten zusammen:

1. Ankommen
2. Annehmen
3. Anheben

Ankommen heißt, still werden, sich entspannen und von den äußeren Dingen loslassen. In Ihrem Inneren lernen Sie, sich an eine Welt anzudocken, die Sie über die Begrenzungen Ihres Alltagsbewusstseins hinaus in eine Welt voller Möglichkeiten und eine Welt des reinen Potenzials führt.

Das hört sich zunächst kompliziert an, erschließt sich in den praktischen Übungen aber als eine natürliche innere Öffnung und Bewegung. Trotzdem fragen Sie sich in diesem Moment vielleicht: Wie kann ich still werden und über mein Alltagsbewusstsein hinausgehen? Doch vertrauen Sie darauf, dass Sie mit einfachen Techniken lernen:

- wie Sie sich tief entspannen und von Ihren bewussten Gedanken loslassen
- wie Sie in Ihre innere Anspannung hinein loslassen können
- wie Sie dies auch im Alltag schaffen und unabhängig von äußeren Bedingungen immer schneller zur Ruhe finden
- wie Sie wacher und präsenter werden
- wie Sie sich tiefer im gegenwärtigen Augenblick verankern und Ihren inneren Halt stärken
- wie Sie feinere Impulse in Ihrem Inneren wahrnehmen und so Ihren unmittelbaren Zugang zu Ihren Ressourcen erleichtern
- wie Sie Ihren Autopiloten ausschalten, der Sie unentwegt die alten Ziele ansteuern lässt, obwohl es Ihnen mit diesen gar nicht mehr gefällt, und der Sie ständig antreibt und nach festen Mustern funktionieren lässt, die Ihnen nicht guttun
- wie Sie gelassener werden, lernen wahrzunehmen und zu beobachten, statt automatisiert auf alle Impulse zu reagieren

- wie Sie externe Auslöser und interne Reaktionsmuster unterscheiden und voneinander lösen können
- wie Sie echte Bedürfnisse, die Ihrem Wesen entsprechen, von kompensatorischen, aus der Angst entstandenen, unterscheiden
- wie Sie in Alltagssituationen von außen loslassen und innen ankommen.

Dieses Ankommen gibt Ihnen Raum, in dem Sie Ihrem hyperaktiven Verstand und dem falschen Ich aus Konditionierungen weniger ausgeliefert sind. In ihm erkennen Sie das geringe Ausmaß der vier Prozent. Sie entdecken, dass Sie mehr sind als Ihre gewohnten Reaktions- und Denkweisen. Und dass Sie bewusst entscheiden können, wie Sie reagieren und handeln möchten.

Annehmen heißt, sich für das zu öffnen, was Sie in Ihrem Inneren entdecken – auf eine stille, wache Art, achtsam und bewusst im Herzen. Sie lernen, auf eine radikal transformierende Art zu akzeptieren, was Sie beim Ankommen und achtsamen Wahrnehmen in sich entdecken. Das Annehmen lehrt Sie, eine aufkommende innere Welle bewusst zu surfen. Mit Ihren Gefühlen, Spannungen und Gedanken zu gehen, ohne sich von ihnen mitreißen zu lassen. Sie nehmen an, was Sie sind – mit allen Einschränkungen und Verdrängungen, die dazugehören. Das Akzeptieren dessen, was Sie beschränkt, ist gleichsam die Startrampe für jede Transformation. Sie ist die entscheidende Kraft, die Veränderung und Entwicklung überhaupt erst möglich macht. Sie lernen:

- eine offene und forschende Einstellung zu entwickeln, wo Sie bisher vor Ihrer wahren Kraft ausgewichen sind, wo Sie verdrängt oder sich klein gemacht haben – denn gerade das, was Sie verdrängen, hat unbewusst eine starke Wirkung auf Sie
- ruhig zu werden und in einem sicheren inneren Raum den Dingen ins Auge zu blicken, die das Leben an Sie heranträgt
- den eigenen Widerständen und Unvollkommenheiten bewusst zu begegnen
- zu verstehen, dass Ihr bisheriges Abwehren extrem viel innere Kraft verbraucht und vor allem verhindert hat, dass Sie ein tieferes, befreiendes Verständnis von den Dingen bekommen
- ein schwieriges Gefühl, einen Schmerz, eine Tatsache auf neue Art anzunehmen, die Heilung und neue Lösungen ermöglicht – wodurch in Ihrem Inneren endlich freier Raum für das Anheben entsteht.

Anheben bedeutet, so still und offen zu werden, dass Sie sich über die eigenen, unbewussten Grenzen hinaus ausdehnen und idas unerschöpfliches Potenzial anzapfen können:

- wirklich tief loszulassen und gleichsam in Ihrer inneren Welt zu surfen
- sich auf spielerische und kreative Art zu verbinden mit dem wissenden, schöpferischen Teil in Ihnen
- die Dimension jenseits Ihres bewussten Verstandes zu entdecken und langsam mit neuem Bewusstsein zu füllen
- entspannt und ohne Erwartungsdruck neue Ziele in Ihrem inneren Navigationssystem zu programmieren
- verdrängte und abgespaltene Anteile in Ihr bewusstes Handeln zu integrieren
- sich für neue Perspektiven und Möglichkeiten zu öffnen und innerlich Heilung und Transformation zu schaffen
- in der Entspannung mühelos neue Absichten zu formulieren
- sich zu öffnen und auszurichten, um zu empfangen
- aus Ihrem stillen inneren Raum mit neuen Einsichten, neuem Wissen und neuen Zielen in Ihr bewusstes Leben aufzutauchen.

Das Anheben ist das Sahnehäubchen des ganzen Prozesses. Es ist eine schlichte, aber extrem wirkungsvolle Technik, um Ihr Leben von innen auf ein neues Level zu heben. Hier zeigt Ihnen ida, wie Sie einen Quantensprung in Ihrer Entwicklung und Heilung vollziehen können, indem Sie innen die Veränderung herbeiführen, die im Äußeren für den Wandel sorgt, nach dem Sie sich sehnen. Dem gesamten Prozess liegt ein Prinzip zugrunde, nach dem alle Menschen funktionieren.

Das vierte ida-Geheimnis
Innen geht immer vor außen

• • • • • • • • •

Das vierte Geheimnis von ida ist einfach und lautet: Innen geht immer vor außen. Wenn ich innerlich eine neue Haltung finde, meine Gefühle, Glaubensmuster und Sichtweisen ändere, wandelt sich auch mein äußeres Leben. Versuche ich aber, etwas im Außen zu bekämpfen, ist das wie Schattenboxen gegen meine eigenen unbewussten Programme. Dann habe ich vielleicht einen neuen Partner, einen neuen Job, ein paar Kilo weniger oder eine neue Wohnung. Aber ich nehme meine alten Muster und unbewussten Prägungen mit. Sie müssen kein Psychologe sein, um zu wissen, dass eine alte Software auch auf dem tollsten neuen Computer nur alte Ergebnisse erzeugen kann. Ida zeigt Ihnen, wie Sie Program-

me umschreiben und nicht immer wieder verzweifelt den Bildschirm auswechseln, auf dem Sie nur das Ergebnis einer alten Programmierung sehen.

• • • • • • • • •

Sie glauben, Sie müssten sich immer abrackern und anstrengen, um zu erreichen, was Sie sich wünschen? Die Anstrengung hält Sie wie einen Hamster im Laufrad gefangen, weil Sie versuchen, von der Ebene aus eine Lösung zu finden, auf der das Problem entstanden ist? Das kann nicht funktionieren. Und diesen Glauben können Sie loslassen.

Wenn Ihr Partner sich von Ihnen entfernt, nützt es nichts, wenn Sie ihn krampfhaft zu halten versuchen. Unbewusst verlässt er Sie genau deshalb: weil Sie ebenso unbewusst angestrengt festhalten. Denken Sie an das Beispiel mit der geschlossenen Faust. Es bringt nichts, sie noch fester zuzudrücken, wenn nichts heraus- oder hineinkommt. Zuerst müssen Sie loslassen. Und das kann nur geschehen, wenn Sie die Perspektive wechseln und den Mut finden, vertraute Denksysteme zu verlassen und neue einzurichten.

Mittlerweile habe ich mit ida oft genug erleben dürfen:

Der Trick ist der Perspektivwechsel –
nur von diesem Punkt aus
kann Loslassen geschehen.

Durch die neue, erweiterte Sicht auf die Dinge können Sie endlich aufhören, die Veränderung selbst herbeiführen zu wollen.

Ich bin schon hunderte Male gefragt worden: Aber wie konnten Sie denn Ihrem Mann verzeihen, nachdem er eine andere hatte? *Ich* konnte ihm nicht verzeihen. Verzeihen ist eingetreten, als ich endlich meinen Teil in der Geschichte sehen und annehmen konnte. Als ich verstand, dass wir uns beide verloren hatten. Als ich meinen eigenen Schmerz und meine unbewusste Abwehr gegen ihn fühlen konnte. Da ging mein Herz wieder auf – für mich und für ihn. Die ganze Geschichte verwandelte sich schließlich sogar in unser Potenzial, als wir anfingen, unsere Entwicklung mit anderen zu teilen.

Loslassen geschieht nie durch äußeres Machen, sondern immer durch einen inneren Wandel. Ich musste es einfach immer wieder erleben: Je bereiter ich war, von den Umständen draußen loszulassen und nach innen zu gehen, desto mehr sorgte ida mit unglaublicher Präzision für alles, was mein Leben brauchte. Doch aus Erfahrung weiß ich: Das mit dem Loslassen kann manchmal die härteste Übung überhaupt sein. Genau da, wo es um etwas geht – genau da soll ich nichts tun? Mich nach innen wenden und ida ranlassen? Ja.

Die Füße fühlen … und Ruhe im Kopf!

Wer wirklich loslassen und sich öffnen möchte, braucht inneren Halt. Die Reise zu ida führt Sie in die leichten, feinstofflichen, lichten Gefilde jenseits Ihrer Wolkendecke. Da gilt: Wer sich nach oben öffnen will, braucht unten gute Wurzeln. Im Folgenden geht es daher um das Ankern. Schließlich ist es überaus verlockend, sich ins Reich der unbegrenzten Möglichkeiten zu beamen und dabei die Verbindung zum Boden zu verlieren. Es mag Ihnen vielleicht nicht so spannend erscheinen, sich erst einmal darin zu üben, ruhig zu werden und die kleinen Dinge wieder bewusst wahrzunehmen. Aber nur so erhalten Sie eine innere, authentische Standfestigkeit – und diese ist die entscheidende Basis für jeglichen Wandel.

Das Zauberwort für die Liebe genauso wie für den Erfolg lautet Nein. Wer sich nicht klar abgrenzen kann, der kann sich auch nicht wirklich öffnen. Der kann nur nachgeben, sich opfern, sich in anderen verlieren. Gerade Menschen, die sich für die feinstofflichen Ebenen des Lebens interessieren und sich mit der energetischen Dimension unseres Menschseins beschäftigen, können die eigenen Grenzen oft nur schwer definieren.

Alle Prozesse, die Sie mit den Übungen auf den CDs einleiten, sind innere Entsprechungen der äußeren Entwicklungen. Daher ist das Verankern in Ihrem Körper die Grundübung, um auch im äußeren Leben stabil und klar zu sein.

Dies ist wichtig, wenn Sie Herausforderungen gegenüberstehen, sich in einer Krise befinden oder Ziele erreichen wollen. Ohne solide Abschussrampe können Sie keine Rakete ins All starten. Nachhaltige Veränderungen können Sie nur in Ihr Leben bringen, wenn Sie Ihr Fundament kennen und nicht von Menschen und Umständen hin und her geschaukelt werden.

Ein hilfreicher Ankerpunkt, den Sie immer bei sich haben, ist Ihr Körper. Er ist ida sehr nahe. Genau wie sie lebt er in der Gegenwart, im Jetzt. Ihr Körper ist und war in jedem Augenblick Ihres Lebens anwesend, ganz gleich, ob Sie diesen Moment verdrängt haben oder in Gedanken versunken waren. Wenn Sie den ganzen Tag in Gedanken am Computer sitzen, erlebt Ihr Körper dies durchgängig. Er sitzt stundenlang ohne große Bewegung auf dem Stuhl und nimmt alle Stressimpulse auf, die Ihnen vom Bildschirm entgegenkommen.

Ihr Körper trägt in sich unzählige Erlebnisse und Erfahrungen gespeichert, von denen Sie sich in Ihrem Bewusstsein gelöst und die Sie verdrängt haben. Sie zeigen sich oft in Rückenschmerzen, Nacken- oder Schulterproblemen, deren Ursache uns der Arzt meist nicht erklären kann. Stellen Sie sich vor, Sie würden jeden Moment Ihres Arbeitstages ganz präsent in Ihrem Körper spüren: wie es sich zum Beispiel anfühlt, fast unbewegt auf einem Stuhl zu sitzen. Sie würden spüren, wie die Muskeln unentwegt in einer Position festhalten, sich zusammenziehen und verspannen. Wie sie sich verkürzen und an den Sehnen zerren und die wiederum an den Wirbeln. Wie die Wirbel langsam aus ihrer natürlichen Position gedrängt werden.

Wären Sie bewusst und achtsam da, wo Ihr Körper ist, würden Sie genau wissen und verstehen, was in Ihrem Rücken los ist und warum er schmerzt. Aber weil wir so viel nur im Kopf sind, spüren wir nicht mehr, was unser Körper fühlt und braucht. Beim Ankommen im Körper lernen wir, uns wieder mit ihm zu verbinden, ganz ohne jede Aktivität. Sie müssen nichts tun, genauso wenig wie Ihr Körper. Sie schenken ihm nur Ihre Aufmerksamkeit. Sie lernen, sich wieder in ihn hineinsinken zu lassen. Sich in ihm auszubreiten und mit ihm anzufreunden.

mini ida

Den Körper mit Zuwendung füttern

Setzen oder besser legen Sie sich bequem hin. Schließen Sie die Augen und suchen Sie Ihren Atem in Ihrem Körper. Wo können Sie ihn am klarsten wahrnehmen? Spüren Sie einige Augenblicke nach, wie er kommt und wieder geht. Dann spüren Sie weiter in Ihren Körper hinein: Gibt es eine Stelle, die schmerzt oder sich verspannt, die sich fest oder unruhig anfühlt? Wenn möglich, legen Sie Ihre Hand behutsam auf diesen Körperteil und stellen sich vor, wie von außen die Wärme Ihrer Hand in diese Stelle hineinströmt und sie nährt. Und wie von innen Ihr Atem dorthin strömt und das Gebiet mit Leben versorgt.

Wenn Sie sich gut verbunden fühlen, nehmen Sie Ihre Hand fort, aber bleiben Sie weiter mit Ihrem Atem da. Stellen Sie sich vor, wie Sie beim Ausatmen loslassen, den Bereich öffnen und in Fluss bringen. Verweilen Sie eine Weile bei der Stelle und bedanken Sie sich zum Schluss bei Ihrem Körper dafür, dass er Ihnen gezeigt hat, wo er Ihre Zuwendung braucht.

Sie wollen wissen, wie Annehmen im Körper geht? Annehmen bedeutet, dem eigenen Körper der Liebende zu sein, den dieser sich wünscht. Ihr Körper hat eine eigene feine Wahrnehmung. Er liebt Ihre Präsenz, Ihre Aufmerksamkeit und verständnisvolle Zuwendung. Davon öffnet er sich, und Sie werden wieder auf feinere und festere Weise mit ihm verbunden. Stellen Sie sich vor, Ihr Körper wäre ein eigenes Wesen. Eines, das unsere gesprochene Sprache zwar nicht beherrscht, aber auf jeden Gedanken, jedes Gefühl und jede Berührung unmittelbar reagiert.

Wenn Sie Ihrem Körper Achtsamkeit schenken, ihn von innen erspüren und mit Bewusstheit versorgen, versteht er diese Sprache genau. Dann kann er sich Ihnen zuwenden, wie

Sie sich ihm widmen. Er kann sich in Ihrer liebevollen Präsenz öffnen und langsam seine angestauten Spannungen lösen. Durch diesen Kontakt lernen Sie, seine Sprache zu verstehen und seine Signale wahrzunehmen.

Denken Sie daran: Innen geht immer vor außen. Und stellen Sie sich vor, was eine wachsende, achtsame und feinere Verbindung mit Ihrem Körper für Ihre Beziehungen zu anderen Menschen bedeutet. Wenn Sie Ihre Beziehung zu sich vertiefen und verfeinern, wenn Sie achtsamer mit sich selbst werden, tun Sie das Gleiche für Ihre Beziehungen zu anderen. Sie werden feinfühliger, achtsamer und authentischer. Wenn Sie den Kontakt zum Augenblick verlieren und es in Ihrem Kopf zu laut und zu wild wird, hilft Ihnen das achtsame Verankern im Körper, um rasch aus dem Gedankenkarussell auszusteigen.

Sie haben nun schon einige Mini-idas kennengelernt, über die Sie sich bewusst mit Ihrem Körper verbinden und in ihm verankern können. Sobald Sie Ihre Aufmerksamkeit »nach unten«, in den Körper, richten, entziehen Sie den Aktivitäten Ihres Verstandes Energie. Das Karussell hat nicht mehr so viel Power und wird langsamer – manchmal hält es auch an, wenn Sie in die Füße tauchen oder es sich in Ihrem Becken gemütlich machen.

Sie brauchen dazu nur ein wenig Training. Deshalb begleite ich Sie in den Übungen auf den CDs auf eine Reise in Ihren Körper. Sie können lernen, sich in aller Ruhe in ihm auszubreiten und sich wieder bewusst mit ihm zu verbinden. Sie können ausprobieren, wie Sie ihn mit Leben und Energie erfüllen und ihn dabei unterstützen, loszulassen und sich zu entspannen.

mini *ida*

Geborgen im Becken

Schließen Sie die Augen und nehmen Sie wahr, wie Ihre Bauchdecke von Ihrem Atem bewegt wird. Gehen Sie mit Ihrer ganzen Aufmerksamkeit an diese Stelle. Jetzt nehmen Sie das Strömen des Atems wahr. Wie er durch die Nase hineinkommt, Ihre Kehle hinunterfließt bis in Ihre Lunge, die sich in Ihren Bauchraum hinein weitet. Sie atmen bis in Ihr Becken.

Gehen Sie nun mit Ihrer Achtsamkeit in Ihre Beckenschale. Stellen Sie sich vor, wie Sie sich in diese Schale hineinlegen, sich einrollen wie ein Embryo und es sich dort bequem machen. Erkunden Sie mit Ihrer Aufmerksamkeit die Form Ihrer Beckenschale von innen und spüren Sie die Wärme, die von dort ausgeht. Stellen Sie sich vor, wie Sie sich in dieser Schale einrollen und dort genährt werden. Bleiben Sie mit Ihrem Atem noch einige Augenblicke in Ihrem Becken. Kommen Sie dann langsam zurück und öffnen Sie die Augen.

Je öfter Sie sich achtsam und bewusst in Ihrem Körperinneren »ausbreiten«, desto feinfühliger wird Ihre Wahrnehmung Ihres Körpers. Sie erleben, dass er nicht fest und wie in Stein gemeißelt ist, sondern ein lebendiges Wesen, das innerlich stets in Bewegung und Veränderung begriffen ist. Dass sich mit jedem Ihrer Gedanken und Gefühle in Ihrem Körper gleich hunderte von Muskeln in Bewegung setzen. Dass sich mit jeder Regung Ihre Gesichts- und Hautfarbe verändert, genauso wie Ihr Herzschlag und Ihre Verdauung oder Atmung angeregt wird.

Durch Ihre achtsame Wahrnehmung lernen Sie die feine und komplexe Sprache Ihres Körpers wieder verstehen und erkennen so viel besser seine Bedürfnisse und natürlichen Belastungsgrenzen. Auf einmal können Sie Ihre Muskelverspannungen, Verdauungsprobleme, Kopfschmerzen oder Ihre unerklärliche Dauermüdigkeit als Zeichen von Erschöpfung und Mangel verstehen und würdigen. Sie betrachten diese Zeichen nicht als bedrohliche Krankheiten, sondern folgen ihnen und unterstützen Ihren Körper einfühlsam.

Vielleicht sehen Sie auch den Sport mit einem Mal in einem anderen Licht. Sie erkennen, dass der Körper Bewegung liebt, aber keine Maschine ist. Er ist nicht nur dazu da, Leistung zu bringen oder Muskeln aufzubauen. Möglicherweise entdecken Sie bewusstere, sanftere und spielerische Bewegungsformen. Auf jeden Fall lernen Sie mit wachsender Präsenz von innen heraus wieder eine Balance zu finden und auch Nein zu sagen, wenn etwas Ihrem Körper nicht guttut.

Eine achtsame innere Körperwahrnehmung lässt Sie Ihr Essverhalten und Ihre Ernährungsgewohnheiten genauso wie zum Beispiel Ihre Sexualität in einem neuen Licht sehen. Sie spüren viel genauer, was und wie viel Ihrem Körper guttut. Viele von uns finden in diesen Bereichen keinen Zugang mehr zu ihrer eigenen Natur. Sie essen nur mit dem Kopf und haben auch nur mit ihm Sex.

Wenn Sie sich wieder in Ihren Körper hinein verbinden, erleben Sie bewusst, wie oft Sie essen, ohne dass Sie wirklich auf die Impulse Ihres Magens reagieren. Sie füttern konditionierte Stimmen in Ihrem Kopf oder ausgehungerte Gefühle. Sie trösten mit dem Essen Ihr Herz, oder Sie nutzen es, um unbewusste Spannung wegzudrängen oder sich überhaupt wieder in Ihrem Körper zu fühlen.

Ihre wachsende Präsenz und Achtsamkeit wird Ihnen helfen, genauer zu unterscheiden, ob sich gerade Ihr Magen meldet oder Ihr Kopf. Je bewusster Sie jeden Bissen essen, schmecken, riechen und spüren können, desto öfter werden Sie den Unterschied feststellen, den es ausmacht, ob Sie mit dem Kopf oder mit dem Bauch essen. Sie werden das kribbelige, lebendige Körpergefühl genauso von emotionalem Hunger unterscheiden lernen wie von den leisen Stimmen der Konditionierung, die sagen: »Ich esse immer nur dieses oder jenes«, »Das mochte ich noch nie …«, oder: »Du musst aufessen. Du darfst nichts wegwerfen …«

Für Ihre Sexualität können die neue Achtsamkeit und Verbundenheit mit Ihrem Körper wie die Befreiung aus einem Gefängnis sein. Denn Sex wird in unserer Gesellschaft immer mehr zur Kopfsache. Optische und mediale Stimulierung, Fantasien und Pornos ersetzen mehr und mehr Berührung, Empfindung und unmittelbare Herz-Körper-Begegnungen. Doch Ihr Körper hat eine eigene Intelligenz. Er hat eine natürliche Sexualität und weiß auch, welche und wie viel Nahrung er in diesem Bereich braucht. Er mag es, sich zu bewegen, und ist in sich lebendig. Dass er diese natürliche Intelligenz oft nicht zeigt, liegt daran, dass er von Ihren Gedankenströmen mit ihren Konditionierungen und Prägungen überlagert wird. Und dass er von Ihrem Schmerzkörper voller ungelebter Emotionen verhärtet und verspannt wird.

Körpersprache

Sie ahnen es schon: Im Körper gibt es auch einiges anzunehmen, wenn wir in ihm landen, uns in ihm verankern und das Leben in ihm genießen wollen. Wir haben uns ja schon damit befasst, wie viel Spannung und angesammelten emotionalen Schmerz er für uns tragen muss. Sie können sich vorstellen, wie sehr er sich danach sehnt, sich wieder leichter zu fühlen und sich zu befreien. Um ihm dabei helfen zu können, sollten wir seine Sprache verstehen, zu der auch der Schmerz gehört.

Wenn es Schmerzen in Ihrem Körper gibt oder Krankheitssymptome, dann will er mit Ihnen kommunizieren. Natürlich ist eine Schmerztablette eine Erlösung, wenn die Zahnschmerzen zu heftig werden. Und es gibt viele Krankheiten, die ärztliche Kompetenz und unsere Akzeptanz brauchen. Trotzdem sollte so mancher seinen Umgang mit Schmerz und Krankheit überdenken, denn vielleicht täte ihm auch hier ein Perspektivwechsel gut.

Viele von uns haben nie gelernt, sich ihren Schmerzen offen zuzuwenden. Schließlich gibt es gegen alles ein Mittel, das haben wir früh mit auf den Weg bekommen. Man nimmt eine Tablette, und schon ist der Schmerz vergangen. Als Erwachsene ist uns unser Schmerz dann nur noch fremd. Wir wissen nicht anders mit ihm umzugehen, als *gegen* ihn vorzugehen, ihn dem Arzt zu übergeben, ihn mit Medikamenten abzutöten oder uns mit Beruhigungsmitteln zu betäuben.

Aber so entfernen wir uns immer weiter von unserem Körper und seiner Sprache – und von uns selbst und ida.

Wenn wir unserem Körper nicht zuhören, verlieren wir unseren Kontakt nach innen.

Und wenn wir nicht innerlich verbunden sind, können wir ida nicht hören.

Sie ahnen gar nicht, wie viel in Bewegung kommen kann, wenn Sie sich Ihren Magen- oder Rückenschmerzen liebevoll zuwenden, statt immer wieder über sie hinwegzugehen. Begeben Sie sich nach innen und schenken Sie den Symptomen Gehör. Ihr Körper freut sich, denn er möchte Sie mit dem Schmerz auf ein Ungleichgewicht hinweisen.

Wenn Sie mehr zur Ruhe kommen, könnten Sie das Gefühl haben, dass Ihr Körper auf einmal mehr Schmerzen empfindet. Es kann nämlich gut sein, dass er Ihnen die im Laufe der Zeit angesammelten Schmerzen zeigt. Jeder hat so seine Stellen, an denen er seine Anspannung versteckt. Der eine reagiert auf Stressimpulse, indem er sich zusammenzieht, sich klein macht oder krümmt. Der andere beißt die Zähne zusammen. Der Nächste zieht die Schultern hoch. Jedes Mal, wenn Sie Druck verspüren, Unannehmlichkeiten erleben oder Ihnen etwas nicht passt, ohne dass Sie es ausdrücken, entsteht an den immer gleichen Stellen Spannung. Sie lagert sich in Ihrem Körper ab und sorgt dafür, dass bestimmte Bereiche verhärten.

Im Laufe dieses Prozesses werden Ihnen diese regelrechten Spannungs- und Schmerzlager immer bewusster. Keine Frage, das ist nicht angenehm. Aber es ist wichtig, diese Verstecke nicht länger zu meiden, sondern sie zu entdecken und ihnen die Möglichkeit zu geben, sich zu öffnen und ihren Inhalt zu zeigen. Die Schmerzen anzunehmen und sich ihnen liebevoll und zärtlich zuzuwenden, damit sie sich auflösen können.

Dem Schmerz nicht auszuweichen ist manchmal eine ziemliche Herausforderung. Denn ab einer gewissen Intensität kommen auch die damit verbundenen Ängste, inneren

Konflikte und Widerstände hoch, die wir im Körper gespeichert haben. Dann tendieren wir gerne dazu, wieder ins Unbewusste zu gehen und zu verdrängen. Da heißt es: Alles, nur nicht noch einmal damit in Kontakt kommen!

Wenn wir eingelagerte Spannungen und Schmerzen zum ersten Mal wieder erleben, ist es wichtig, dass wir bei ihnen bleiben. Dass wir die Öffnung des Körpers achtsam annehmen und ihr unsere Aufmerksamkeit schenken, so gut es geht. Sie werden sehen: Jedes Mal, wenn Sie sich einem Symptom offen und forschend zuwenden, verliert es ein wenig mehr von seiner Bedrohlichkeit und Fremdheit.

Ich nenne diesen Prozess, durch den ich Sie auch auf einer der Übungs-CDs begleite, »Schmerzen verbrennen«. Sie können ihn bei körperlichen Empfindungen genauso anwenden wie bei emotionalem Schmerz.

mini ida

Schmerzen verbrennen

Sie sind ganz wach, stehen fest, aber in den Knien locker mit beiden Beinen auf dem Boden, wie ein Surfer auf seinem Brett. Schließen Sie am besten die Augen, das lässt Sie innerlich klarer sehen. Wenden Sie sich nun mit offener Achtsamkeit einer unangenehmen Empfindung in Ihrem Körper zu. Geben Sie ihr Raum und lassen Sie die Empfindung behutsam in Ihr Bewusstsein dringen, sodass sie sich Ihnen langsam zeigen und wieder öffnen kann.

Zunächst möchten Sie wahrscheinlich einfach nur von diesem Schmerz weggehen. Doch das ist nur die Macht der Gewohnheit, und Sie sollten ihr widerstehen, so gut Sie können. Atmen Sie stattdessen ein paarmal durch und versuchen Sie, das genaue Gegenteil zu tun. Was auch immer Sie in Ihren Fokus nehmen wollen, Spannungen, Suchtgefühle oder Schmerzen: Richten Sie achtsam und behutsam Ihre Aufmerksamkeit nach innen und versuchen Sie, den Kern dieser Empfindung in Ihrem Körper zu orten.

Surfen Sie gleichsam an die unangenehme Empfindung heran, nehmen Sie auch Ihren Atem hinzu und atmen Sie langsam und ruhig so in sich hinein, als wollten Sie Licht in eine dunkle Angelegenheit bringen. Achten Sie darauf, dass Sie nicht starr werden oder Druck ausüben. Bleiben Sie weich und reiten Sie auf Ihrer Welle. Fokussieren Sie den Kern der negativen Empfindung und atmen Sie mit Ihrer Aufmerksamkeit in sie hinein. Und nun sehen Sie die Stelle vor Ihrem inneren Auge weich werden und durch Ihren Atem in Bewegung kommen. Der Knoten löst sich.

Genießen Sie das Gefühl eine Weile und öffnen Sie dann wieder die Augen.

Wenn Sie beim Entlernen des Multitaskings, beim Ausprobieren der Mini-idas oder später auch beim CD-Übungsprogramm unruhig werden, dann ist das Wichtigste, dass Sie das Surfen lernen und sich nicht in Kämpfe verwickeln oder sich gar entmutigen lassen. Wenn es in Ihrem Körper zieht und zerrt, wehren Sie sich nicht dagegen. Nehmen Sie an, was sich zeigt. Jetzt geht es darum, dass Sie lernen, Ihre inneren Wellen und sich selbst in Liebe anzunehmen – mit allem, was ist.

Es kann sein, dass Sie nicht mehr so viele Dinge gleichzeitig tun können, weil Sie sich plötzlich erschöpfter fühlen als zuvor. Das ist nicht verrückt – Ihre wahrscheinlich lange verdrängte Überlastung und Erschöpfung findet jetzt nur endlich kleine Lücken, durch die sie sich bemerkbar machen kann. Würdigen Sie sie und überlegen Sie, wie Sie kleine Pausen zum Regenerieren finden können. Manchmal reichen fünf bewusste ida-Minuten zwischendurch.

Sie wenden sich Ihrem Körper wieder sanfter und bewusster zu, und es kann sein, dass Sie dadurch viel sensibler auf Berührungen reagieren und Ihrem Partner gegenüber sogar aggressiver werden. Doch auch das ist nur ein Zeichen dafür, dass sich Ihre natürlichen Grenzen klarer zeigen und sich Altes, Aufgestautes entlädt. Mit der Zeit wird sich eine neue, natürliche Balance einstellen.

Was auch immer auftaucht, seien Sie sanft zu sich und würdigen Sie, dass Sie sich auf ein fast unbekanntes Trainingscamp eingelassen haben. Mutig lernen Sie gerade etwas ganz Neues und verlernen lange Gewohntes. Das braucht Geduld und Forschergeist – und vor allem Ihr Mitgefühl für sich selbst.

Wenn Sie achtsam im Augenblick landen oder eine ida-Übung machen wollen, ist das Wichtigste: Erinnern Sie sich, sobald sich Unruhe in Ihnen regt, daran, dass sich in dem Moment nicht Sie, sondern Ihr aktiver Schmerzkörper oder Ihr Gedankenkarussell im Kopf meldet. Am Anfang kann dies eine ziemliche Herausforderung sein, aber Sie ahnen gar nicht, wie viel Kraft beim Bewusstmachen und Annehmen dieser alten Energien freigesetzt wird. Sie wurde bisher für das ständige Deckeln und Kontrollieren verbraucht und steht Ihnen bald wieder als freies Potenzial und erweiterter Handlungsspielraum zur Verfügung.

Betrachten Sie das, was sich gerade nicht gut anfühlt, spielerisch und interessiert offen: Okay, das ist es also, was mich vom Leben abhält – innerer Druck, innere Spannung, innere Unruhe. Würdigen Sie, wie sich in alldem Ihr eigentliches Wesen zeigt: So feinfühlig ist mein Körper also, und so viel Erholung brauche ich. Punktlandung, angekommen! Jetzt bin ich genau da, wo ich mich entdecken kann. Hier gibt es etwas zu erfahren, zu verstehen – und anzunehmen.

Es gibt noch eine zweite Anfangsfalle: Verkrampfen. Sie sollten achtsam sein und Ihren Fokus ausrichten. Aber das heißt nicht, dass Sie sich krampfhaft konzentrieren und in

Dingen festbeißen müssen. Bei der Achtsamkeit im Moment geht es zwar um eine wache und bewusste Haltung – aber eine, die mit den Dingen geht und offenen Herzens ist. Wenn starke körperliche Empfindungen oder Gefühle aufkommen, halten Sie sie in Ihrer Wahrnehmung nicht fest, als ob Sie einen Dieb gefangen hätten und ihn nun stellen wollten. Folgen Sie den Gefühlswallungen, den Schmerzen oder den mitreißenden Geschichten mit so viel Abstand wie möglich, aber ohne den Kontakt zu ihnen zu verlieren.

Richten Sie Ihre Aufmerksamkeit nicht aus, als ob Sie mit einem Brennglas ein Papier ansengen wollten. Stellen Sie sich immer wieder einen offenen Raum vor, der die Gedanken, Gefühle oder Empfindungen umgibt, die gerade in Ihrem Fokus auftauchen. Kribbelt es zum Beispiel in Ihren Händen, richten Sie Ihre Wahrnehmung auf das Kribbeln, aber auch auf den offenen Raum um Sie herum. Das lässt Sie locker bleiben und Raum schaffen, ohne die Verbindung zu verlieren. So können Sie sich entdecken und kennenlernen. Können alles, was auftaucht, wie eine Welle reiten und mit Ihrer Aufmerksamkeit von einem Moment zum nächsten mitgehen. Wenn Sie offen bleiben und ruhig mit dem Fluss gehen, passiert etwas Faszinierendes. Es ist, als ob sich das, was Sie achtsam wahrnehmen, zu öffnen beginnt und Sie tiefer hineinkommen.

Oft gibt es bei diesem Surfen eine innere Einsicht: Plötzlich macht es klick, und Ihnen eröffnet sich ein tieferes Verständnis. Diese Surf-Übung, die ich Ihnen auch auf einer der Audio-CDs vorstelle, ist eine meiner Lieblingsübungen, mit ihr können Sie immer wieder kleine Wunder erleben. Also: Surfen Sie. Genießen Sie das offene Gefühl von Losgelöstheit!

Bei allen Übungen geht es im Grunde darum, eine neue Art von Umgang mit dem Leben zu entwickeln: Je beweglicher und wacher Sie werden, desto mehr kann das Leben wieder seine Vielfalt und seine Lebendigkeit für Sie entfalten. Die meisten Krisen in unserem Leben haben etwas mit dem Festhalten zu tun.

Je vertrauter Sie mit ida werden, desto mehr werden Sie feststellen, dass alles Lebendige immer in Bewegung ist. Dass Sie nichts festhalten können. Dies gilt für Beziehungen genauso wie für den Erfolg, Ihren Körper und alles, was Sie unbedingt haben oder erreichen wollen. Alles ist unbeständig und vergänglich. Kein Augenblick ist wie der andere. Mit fortschreitender Praxis wollen Sie auch immer weniger halten, weil Sie sehen, wie das Festhalten alle Lebendigkeit, Entwicklung und Nähe zerstört, nach der Sie sich doch so sehnen. Im Festhalten liegt eine Haltung sich selbst und dem Leben gegenüber, als wollten Sie mit Ihren Armen einen breiten Fluss aufhalten. Aber Erfüllung und Erfolg können nur in dem Maße zu Ihnen kommen, wie Sie offener, beweglicher und mutiger werden.

Das achtsame Wellenreiten ist auch das beste Mittel bei allen Arten von Süchten. Wenden Sie sich den Momenten zu, in denen Sie suchtartig essen, trinken, rauchen oder nach Sex gieren. Verdrängen Sie die Impulse nicht. Werden Sie hellwach und spüren Sie urteilsfrei, was in Ihnen geschieht, wenn Sie meinen, etwas unbedingt und sofort haben zu müssen. Erforschen Sie ohne Widerstand diesen kleinen Moment, bevor Sie sich die Zigarette anzünden. Machen Sie sich innerlich weit für ihn. Spüren Sie in Ihren Körper, wenn Sie essen *müssen.* Wo in Ihnen ist die Empfindung aufgetaucht, die Sie zum Essen treibt? Hat sie tatsächlich mit Hunger zu tun?

Erforschen Sie, wie die Welle der Gier anschwillt, aber lassen Sie sich von ihr nicht mitreißen. Surfen Sie sie. Allmählich werden Sie bei dem landen, was hinter der Sucht liegt: den Spannungen, Ängsten und Glaubensmustern. Wenn Sie sich ihnen mit Achtsamkeit zuwenden, lässt der Druck nach, die Energie kommt zurück, und Sie finden wieder Halt und Ruhe in sich.

Aber auch in Beziehungen wirkt das Surfen Wunder, wenn es um die vielen kleinen Abhängigkeiten zwischen zwei Menschen geht. Wieder geht es ums Loslassen: Sie diskutieren weiter, obwohl längst alles gesagt ist, spionieren Ihrem Partner hinterher, statt sich der Angst vor dem Alleinsein zu stellen. Werden wieder hart, wieder laut, wieder verletzend, obwohl Sie das gar nicht wollten. Wieder lassen Sie sich auf einen Seitensprung ein, obwohl es sich hinterher nicht gut anfühlt.

Doch Sie können den Moment erwischen, in dem die alte Geschichte in Ihrem Kopf losgeht, in dem die alte Angst hochkommt und ihren Würgegriff um Sie legt, in dem Sie nicht wissen, wie Sie sich ausdrücken sollen, und innerlich nur noch zumachen. Spüren Sie Ihre Gefühle in diesem Moment ganz bewusst in Ihrem Körper, wenden Sie sich ihnen forschend und mit Mitgefühl zu. Je öfter Sie die inneren Wellen der Emotionen surfen und nicht unterdrücken, desto erwachsener und freier werden Sie – und mit Ihnen Ihre Beziehungen, die von der Abhängigkeit zur Liebe gedeihen.

mini ida

Empfindungen benennen

Wie Sie Gedanken benennen können, um Abstand zu ihnen zu finden, können Sie auch harmlosen, aber unangenehmen Körperempfindungen wie Kribbeln oder Jucken einen Namen und damit einen Rahmen geben. Sie können dies als eine Art Training für stärkere Körperempfindungen nehmen: Reagieren Sie einmal nicht gleich darauf, wenn es Sie irgendwo juckt oder zieht. Gehen Sie mit Ihrer Aufmerksamkeit stattdessen zu der Empfindung im Körper und spüren Sie ihr nach. Dann geben Sie ihr einen Namen. Benennen Sie sie innerlich zum Beispiel mit »Kribbeln, Kribbeln, Kribbeln«, »Jucken, Jucken, Jucken« oder »Ziehen, Ziehen, Ziehen«.

Sie gehen also nicht Ihrem Impuls nach, zu kratzen oder

über die Stelle zu streichen, sondern bleiben ruhig dabei und erkennen den Raum zwischen Ihnen und der benannten Empfindung. Wenn Sie ruhig Abstand halten, ohne Druck auszuüben oder in Widerstand zu gehen, öffnet sich die Empfindung oft und wird weicher. Wenn Sie diese Erfahrung häufiger innerlich gemacht haben, werden Sie auch im Alltag nicht mehr auf alles gleich reagieren müssen. Auch Sie werden weicher, sind schwerer aus der Ruhe zu bringen und können mit den Dingen sein statt gegen sie.

Manchmal sind Empfindungen auch von großer Wucht. Spannungen, Verengungen und Widerstände fühlen sich im Körper oft viel heftiger und unerträglicher an als Widerstände im Kopf. Gerade wenn eine körperliche Empfindung besonders intensiv ist, ist es wichtig, dass Sie ihr Raum geben, wie auf einer Welle auf ihr surfen und eine zweite Ebene in sich aufbauen: Ein Teil von Ihnen fühlt den Schmerz oder die Spannung, aber der andere nimmt dies alles liebevoll und mitfühlend an.

Fordert Sie der Prozess, mit Körperempfindungen zu gehen, einmal extrem heraus, sollten Sie Ihren Atem zur Hilfe nehmen. Sie können ihn mit jeder inneren Regung, Wucht, Welle oder Bewegung vertiefen und in den Schmerz strömen lassen. So halten Sie Kontakt, und die Empfindungen und

Gefühle können anfangen, sich zu bewegen. Sie verändern ihre Konsistenz, wandern, verstärken sich oder lassen nach.

Gehen Sie mit. Reiten Sie die Welle in der inneren Haltung, dass Sie gerade etwas loslassen, das Sie unbewusst gefangen gehalten hat. Bleiben Sie dabei in der Achtsamkeit und in dem Wissen, dass hier etwas schmilzt. Dass sich etwas Starres, Festgehaltenes in Ihnen löst und sich in neue Lebensenergie und Bewusstheit transformiert. Wenn Sie dabeibleiben, können Sie spüren, wie sich etwas Altes in Ihnen öffnet. Manchmal ist es nach einer Übung einfach verschwunden. Manchmal braucht es ein schichtweises Sich-Hindurchspüren. Manchmal kommt es auch zu einer Art plötzlicher Öffnung und Entladung: Der Körper beginnt auf einmal zu zittern oder will sich schütteln. Das ist nichts Schlimmes, sondern das Beste, was Ihnen passieren kann. Erinnern Sie sich daran, dass Tiere sich schütteln, wenn sie Spannung in ihrem System angestaut haben.

Sich dem eigenen Schmerz zu stellen kann für einen grundlegenden Perspektivwechsel sorgen: Der Schmerz, wenn Sie ihn wirklich zulassen und sich radikal auf ihn einlassen, kann Sie in eine tiefe Begegnung mit sich selbst führen.

Bewusst erfahrener Schmerz
kann Sie nah zu sich selbst bringen und
Ihnen zu starker Präsenz verhelfen.

Und Präsenz ist der Boden, auf dem Verbundenheit entsteht. Wenn Sie sehr wach werden – was ein bewusst erfahrener Schmerz zweifelsohne verursacht –, sind Sie in jeder Zelle präsent, Ihr Erleben intensiviert sich. Und das ist genau das Lebensgefühl, welches das Leben so lebenswert und lebendig macht.

Für mich war es beim Schreiben einmal wie verhext: Jedes Mal, wenn ich mich an den Computer setzen wollte, kam augenblicklich ein so heftiger Schmerz im Rücken auf, dass ich mich auf nichts anderes mehr konzentrieren konnte. Ich drehte und wendete mich. Setzte mich anders hin, atmete tief. Aber nichts bewegte sich. All meine Aufmerksamkeit wurde immer wieder auf den Schmerz gezogen. Irgendwann war es nur noch ein Kampf – Schmerz oder Schreiben –, der da in meinem Rücken brannte, sodass ich nach zwei, drei Tagen, an denen ich versuchte, mit dem Schmerz weiterzuschreiben, kapitulierte.

Ich klappte meinen Laptop zu, setzte mich aufrecht hin, schloss die Augen und wandte mich dem Schmerz in meinem Rücken zu. Erst war es kaum möglich, überhaupt in Kontakt mit ihm zu kommen. Er spielte verrückt und brannte in der Wirbelsäule, und es schien, als würde er mich von sich »wegbeißen« wollen. Immer wieder verlor ich die Verbindung zu ihm. Zwischendurch fing ich an zu kämpfen und versuchte fast zwanghaft, Veränderung und Bewegung zu bewirken. Aber das führte nur zu mehr Beton in meinem Rücken.

Dann ließ ich wieder los und konzentrierte mich auf meinen Atem, ließ ihn weicher werden. Ganz langsam gelang es mir, tiefer und tiefer in den Schmerz hineinzuatmen, mich mit meiner Achtsamkeit von seinen Ausläufern im oberen Rücken langsam in den Kern zwischen den Schulterblättern vorzubewegen. Er blieb eine ganze Zeit hart und brannte gegen meine Wahrnehmung an. Aber ich blieb mit meinem Atem flexibel und wurde mit meiner achtsamen Präsenz immer offener. Ich öffnete mein Herz und fühlte Mitgefühl, das ich liebevoll und ohne Druck in den Schmerz hineinfließen ließ.

Allmählich begann er sich zu öffnen, seine Position schien sich zu verändern. Er begann nach oben zu wandern, sich zu lösen. Ich legte mich aufs Bett und entspannte mich in den Schmerz hinein. Dann dämmerte ich kurz weg. Und als ich aufwachte, war mein Rücken ruhig und schmerzfrei.

Natürlich war es herrlich, ohne diesen Schmerz zu sein. Aber bewegend waren die Nebenwirkungen dieses Prozesses. Ich war so sehr zu mir gekommen, fühlte mich danach so tief in mir verankert, dass ich ganz beseelt und von tiefem Frieden erfüllt war. Der Schmerz hatte mich zu mir geholt. Dafür war ich ihm dankbar.

DAS UNSICHTBARE LEBEN

Auch Ihr Atem führt Sie nach innen, aber er geleitet Sie in eine andere Dimension der Lebendigkeit und Lebenskraft als Ihr Körper. Schließen Sie doch einmal die Augen und machen Sie es sich bequem. Wie können Sie jetzt am ehesten spüren, dass Sie lebendig und in Bewegung sind? Können Sie die feine, innere Bewegung wahrnehmen, die von Ihrem Atem erzeugt wird? Ihr Atem verbindet Sie mit der feinstofflichen Welt. Sobald Sie sich ihm zuwenden, öffnet sich automatisch die Tür zu ida. Wenn Sie seinem Rhythmus folgen und sich bewusster mit ihm verbinden, lernen Sie die mächtige Kraft ihrer Welt kennen und können sie für sich nutzen. Wie gesagt: Sie sind ein Handy auf zwei Beinen. Sie besitzen einen Körper als Hardware. Aber Sie senden und empfangen permanent Informationen und sind mit Ihrer Umwelt über unsichtbare Energiefelder und Energieflüsse verbunden.

Ihr Atem ist ein solcher Energiefluss. Wenn Sie still werden, erleben Sie bewusst, wie er Sie versorgt und belebt. Wie er neues Leben in Ihren Körper hineintransportiert und verbrauchtes herausfließen lässt. Ihr Atem ist Ihre machtvollste Verbindung zum Leben, auch wenn Sie ihn selbst noch nie gesehen haben, sondern nur seine Auswirkungen in Ihrem Körper erleben können. Dass Sie ihn brauchen, merken Sie sofort, wenn Sie ihn länger anzuhalten versuchen. Ihr Atem entscheidet über Leben und Tod. Er ist nur ein Beispiel für die machtvollen Kräfte, die auf den feinstofflichen Ebenen in Ihnen wirken. Und er bringt Sie direkt in den gegenwärtigen Moment.

Um im Hier und Jetzt zu landen, ist der Atem einer der besten und praktischsten Begleiter. Darin sind sich die meisten spirituellen Traditionen seit Jahrtausenden einig. Der Atem ist nicht nur flexibel und beweglich und kann sich stets an die Bewegungen in Ihrem Leben anpassen. Sondern Sie haben ihn auch immer bei sich, genauso wie Ihren Körper. Er ist einfach immer da.

Ihrem Atem zu folgen verwurzelt Sie tief in Ihrem Inneren und verhilft Ihnen gleichzeitig zu einer lebendigen inneren Ruhe. Er ist ein Wunderwerk und unser wahres Lebenselixier. Sie können Wochen ohne Essen leben, Tage ohne Trinken, aber nur einige Minuten ohne Atem. Unser Leben beginnt und endet mit ihm.

Wir kümmern uns selten um unseren Atem, er aber umhegt uns immer. Eigentlich atmen wir nicht, sondern unser Atem atmet uns. Wir können ihn nicht »machen«, er ist im-

mini *ida*

Ich bin verbunden

Schließen Sie die Augen und fühlen Sie Ihren Atem in Ihrem Körper. Wo können Sie ihn am deutlichsten spüren? Bleiben Sie für einige Augenblicke an diesem Ort und beobachten Sie, wie Ihr Atem kommt und wieder geht. Nehmen Sie wahr, dass *er* das macht und nicht Sie. Stellen Sie sich vor, wie der Raum um Sie herum voll von diesem Atem ist. Dass die Pflanzen und Tiere draußen vor der Tür den gleichen Atem in sich aufnehmen und wieder abgeben. Dass unser ganzer Planet von ihm umhüllt ist und alle Menschen von ihm bewegt und versorgt werden, wie weit sie auch von Ihnen entfernt sein mögen.

Und während Sie sich diesen universellen Kontext Ihres Atems verdeutlichen, kommen Sie langsam wieder zu dem Punkt in Ihrem Körper zurück, wo Sie den Atem am besten spüren können. Geben Sie Ihre gesamte Achtsamkeit in diesen Punkt und folgen Sie dem Rhythmus des Kommens und Gehens in dem Wissen, dass Sie verbunden sind: mit Ihrem Atem und mit Ihrem Innersten.

mer in seiner natürlichen Bewegung und eignet sich damit perfekt, um Sie wieder zurück in die offene Lebendigkeit zu bringen, die Ihre wahre Natur ist.

Ihr Atem ist anpassungsfähig und wandelt sich permanent. Er ist mit all Ihren Gefühlsregungen genauso wie mit Ihren Gedanken verbunden. Er kann extrem tief oder flach werden, je nachdem, wie Sie gerade fühlen und denken. Er ist spannenderweise gleichzeitig in Ihnen und in allem anderen Leben – da ist keine Pflanze, kein Tier, kein Mensch ohne Atem. Was in unserer Welt lebendig ist – über den Atem ist es mit allem anderen verbunden.

Der Atem ist ein perfekter Anker, um bei sich anzukommen, wenn es um Sie herum hektisch wird. Indem Sie sich mit Ihrem Atem nach innen verbinden, können Sie das Getümmel Ihrer Umgebung loslassen. Mit ein wenig Übung kann dies zu einem radikalen Wandel in Ihrer Wahrnehmung führen. In der gleichen Situation können im Außen Sie im Kopf sein – oder Sie folgen Ihrem Atem in Ihren Körper. Einmal herrscht Stress. Beim anderen Mal breitet sich Ruhe aus.

Buddhistische Mönche können sich über ihren Atem in eine solche Tiefenentspannung versetzen, dass man neben ihnen ein Gewehr abfeuern könnte, ohne dass sie auch nur zuckten. Stellen Sie sich vor, um Sie herum kreischen die Kinder, im Job benehmen sich alle wie im Survivalcamp – und Sie sind mittendrin bei einer Auszeit mit Ihrem Atem.

Ich leite Sie auf den CDs praktisch dazu an, den Atem als Ruheoase im Alltag zu nutzen. Aber vielleicht möchten Sie schon einmal eine der folgenden kleinen Übungen ausprobieren. Wenn der Tag wieder zu stressig zu werden droht, wenn Ärger in Ihnen aufsteigt, wenn Sie sich wieder im Trubel verlieren, eignet sich die Atempraxis als wirksames Sofort-Entspannungsmittel.

mini ida

Mit dem Atem loslassen

Setzen oder stellen Sie sich entspannt hin und nehmen Sie einen tiefen Atemzug. Halten Sie den Atem für einen Moment in sich. Wenn Sie ihn wieder loslassen, stellen Sie sich vor, wie Sie aktiv und bewusst Ihre Sorgen ausatmen. Bleiben Sie mit Ihrem Körper innerlich verbunden und finden Sie einen angenehmen, aber etwas tieferen Atemrhythmus, bei dem Sie mit jeder Ausatmung innerlich sagen: »Loslassen.« Beim Einatmen stellen Sie sich vor, wie Sie Ruhe, Frieden und Entspannung einatmen.

Diese Mini-ida können Sie einige Minuten dauern lassen. Ausatmen – loslassen … Einatmen – Ruhe … Ausatmen – loslassen … Einatmen – Frieden … Ausatmen – loslassen … Einatmen – Entspannung … Bleiben Sie so lange dabei, bis Sie das Gefühl haben, wieder gelandet und bei sich angekommen zu sein.

Diese Übung eignet sich für die ganze Bandbreite an Stresssituationen. Sie können sie überall und auf jede erdenkliche Art nutzen. Hier einige Beispiele:

- Sie sind mitten in einem Beziehungsstreit und sagen, was Sie schon x-mal gesagt haben. Ihr Partner sagt, was er schon x-mal gesagt hat. Aufs Neue sind Sie dabei, in die Luft zu gehen. Doch diesmal sagen Sie innerlich »Stopp!« und unterbrechen den frustrierenden Kreislauf der Auseinandersetzungen. Sie gehen aus dem Raum und erlauben sich ein paar Minuten: Ausatmen – loslassen … Einatmen – Frieden …

- Gleich müssen Sie eine Rede halten oder haben eine Besprechung mit Ihrem Chef oder einem schwierigen Kunden. Sie ziehen sich für ein paar Minuten in Ihr Büro zurück. Wenn Sie keinen Raum für sich allein haben, tut es zur Not auch der Abstellraum oder die Toilettenkabine. Sie schließen die Augen, lehnen sich in den Bürostuhl oder stellen sich fest auf Ihre Füße: Einatmen – Klarheit … Ausatmen – loslassen … Einatmen – Entspannung … Ausatmen – loslassen …

- Sie kommen nach einem Tag voller Hektik nach Hause. Ihr Kopf arbeitet weiter. Ihr Körper ist verspannt. Sie schütteln einmal den ganzen Oberkörper aus wie ein Hund sein nasses Fell und: Ausatmen – loslassen … Einatmen – Ruhe …

- Sie kommen aus einem vollen Tag und möchten doch gleich nach dem Heimkommen mit Ihrem Partner Liebe machen. Sie liegen nebeneinander und schließen beide die Augen. Jeder landet erst einmal ganz bei sich und: Ausatmen – loslassen … Einatmen – Entspannung …

Beim Atem zu landen und dem Atemrhythmus zu folgen kann in vielen Lebenslagen hilfreich sein und den Stresspegel senken. Mal nehmen Sie einfach eine kurze Atempause, um sich zu sammeln oder für einen Moment herunter- oder zur Ruhe zu kommen. Das ist ideal, wenn Sie im Job oder in Ihrem Alltag viele Termine haben, viel reden und viel im Kopf sind. Ein anderes Mal nutzen Sie Ihren Atem, um tiefer im Körper zu landen und sich wieder besser zu spüren. Das ist gut, wenn Sie Essen, Berührungen oder Sexualität wirklich genießen und die Dinge wieder bewusster erfahren und tiefer fühlen wollen. Lassen Sie Ihrer Fantasie einfach freien Lauf, wo und wann Sie die Atemübung am besten für sich nutzen können.

Ihre Gedanken – der reißende Strom im Kopf

Vielleicht haben Sie ja beim Lesen der Mini-idas schon etwas mit dem Atem herumgespielt und schnell feststellen müssen, dass Ihr Verstand Ihnen oft bereits nach ein paar Sekunden in die Quere kommt. Sie wollen sich auf den Fluss Ihres Atems konzentrieren, und schon schweifen die Gedanken ab. Sobald Sie sich dessen bewusst werden, nehmen Sie sich zwar vor, ab jetzt nur beim Atem zu bleiben. Nur gelingt Ihnen das? Hält sich Ihr Verstand an diesen Vorsatz? Wahrscheinlich gelingt Ihnen das die meiste Zeit nicht. Ihr Verstand denkt an gestern, als Sie den Strafzettel am Scheibenwischer hatten. Oder an morgen, wenn Sie endlich zum Frisör gehen können.

Hier dreht sich alles darum, dass Sie wieder in Ihrem Leben landen und eben nicht mit den Gedanken umherschweifen. Gerade am Anfang klappt das meist nur für einige Augenblicke, dann schleicht der Verstand sich auch schon wieder davon und befasst sich damit, wie langweilig doch diese Atmerei sein kann. Auf den ersten Blick ist es auch nicht die spannendste Beschäftigung. Auf den zweiten aber schon: Denn Ihr Atem ist Ihre Verbindung tief in den Augenblick und in die unmittelbare Erfahrung hinein – und damit eine der wichtigsten Verbindungen zu ida.

Ihr Atem ist eine Brücke zwischen Körper und Geist, er verbindet grobstoffliche, physische Materie mit den feinstofflicheren Dimensionen. Ein intensiver Kontakt zu Ihrem Atem intensiviert Ihre gesamte Erfahrungswelt. Denken Sie daran: Innen geht vor außen. Je näher Sie Ihrem Atem sind, desto tiefer sind Sie in sich verankert und damit näher bei dem, was Sie wahrnehmen und genießen wollen. Sie schmecken mehr, fühlen mehr, nehmen feiner wahr.

Können Sie nur drei Sekunden bei Ihrem Atem verweilen, bevor Ihr Verstand wieder das Ruder übernimmt? Dann dürfen Sie auch nur drei Sekunden ungestört und bewusst in Ihrem Körper bleiben, bei dem Bissen in Ihrem Mund, der vertrauten Berührung, beim Sex oder auch bei dem Duft der Frühlingswiese. Und gleich darauf zerren die Gedanken Sie wieder von der unmittelbaren Erfahrung fort in den Kopf mit seinen Geschichten, Erinnerungen und Fantasien.

Wollen Sie sich von Ihrem Verstand bestimmen lassen? Wollen Sie Ihre Verbindung mit dem Leben, dem Fühlen, Ihrem Körper, der Natur, dem Genuss und ida auf kleine gedankenfreie Zonen beschränken lassen? Wenn nicht, dann sollten Sie Ihren Verstand erziehen. Ihn zur Ruhe zu bringen ist entscheidend, wenn Sie erfüllter leben und ida kennenlernen wollen. Denn sie lebt nur im unmittelbaren Augenblick, und der eröffnet sich Ihnen nur jenseits Ihres Verstandes.

Bei den Gedanken ankommen heißt, sie loszulassen. Das ist gar nicht so einfach, wie es sich anhört. Denn schließlich sind es ja die Gedanken, die Sie meist nicht loslassen, selbst wenn Sie ihnen die Freiheit schenken wollen. Ihre Gedanken mit ihren Geschichten und Plänen üben eine starke Sogwirkung auf Ihre Aufmerksamkeit aus und ziehen sie blitzschnell in ihren Bann. Das werden Sie bei den Achtsamkeitsübungen schnell feststellen. Vielleicht wollen Sie gerade voller Enthusiasmus ruhig werden, Ihrem Atem folgen oder bewusst Ihren Körper fühlen. Aber beginnen Sie sich Ihrer Praxis zu widmen, reißt der Strom der Gedanken Sie auch schon wieder mit sich. Sie landen im Kopf und spinnen Geschichten, graben in Erinnerungen und machen Pläne. Prompt sind Sie statt bei sich bei Ihrem Einkaufszettel oder im Büro.

Kämpfen Sie nicht gegen Ihre Gedanken – Sie verlieren immer. Denn dabei ziehen Sie mit Ihren neuen Gedanken gegen die alten zu Felde. Das erzeugt nur noch mehr Gedankenchaos. Verurteilen Sie sich auch nicht für Ihr andauerndes Abschweifen. Ihre Gedanken haben Ihr Leben lang gemacht, was sie wollten, haben jahrzehntelang rastlos kommentiert, fantasiert und geurteilt. Da ist es nur normal, dass sie auch weiterhin mit aller Macht am Ruder bleiben wollen.

Das Beste, was Sie tun können, wenn es um einen friedvollen Abstand zu Ihren Gedanken geht: Nehmen Sie sich selbst an. Zunächst sollten Sie das ungezähmte Wesen Ihrer Gedanken akzeptieren und sich eine passende Erziehungsstrategie überlegen. Mir gefällt die von Jack Kornfield am besten: Er vergleicht die Übung, sich langsam von den Gedanken zu lösen, mit der Erziehung eines jungen Hundes, dem Sie beibringen wollen, »Sitz« zu machen.

Sie sagen: »Sitz!«, und lassen ihn sich auf sein Hinterteil setzen. Aber bleibt der junge Hund dann in dieser Position? Wenn Sie Glück haben, tut er das für einen Moment. Aber dann springt er auf und schnüffelt herum oder rennt Ihnen nach. Sie geben ihm wieder das Kommando »Sitz!« und setzen ihn wieder hin. Er rennt wieder herum. Das Spiel beginnt von vorn. Wenn Sie das oft genug geduldig getan haben, begreift der Welpe langsam, was Sie von ihm wollen.

Mit den Gedanken ist es genauso. Wenn Sie sich mit Hilfe Ihres Atems einen Anker schaffen wollen, an dem Sie mitten im Strom Ihrer Gedanken Halt finden können, sollten Sie anfangs Geduld walten lassen. Wer den Verstand erziehen möchte, darf ihn nicht als Feind betrachten. Er ist eben wie ein junger Hund.

Jedes Mal, wenn Sie die Entscheidung treffen, sich Ihrem Atem zuzuwenden und den Strom Ihrer Gedanken loszulassen, ist dies wie das Kommando »Sitz!« für Ihren Verstand. Er wird aufspringen und vom Atem weglaufen. Und Ihre wichtigste Übung wird zunächst nur darin bestehen, dass Sie sich freuen, wenn Sie das merken. Sie freuen sich, denn sobald Ihnen bewusst wird, dass Sie sich in Gedanken verloren haben, lassen Sie die Gedanken einfach los, kehren zu Ihrem Atem zurück und nehmen bewusst das nächste Ein- und Ausatmen wahr. Der Verstand wird wieder aufspringen, und Sie werden ihn wieder loslassen und zum Atem und in den jetzigen Augenblick zurückkehren. Wieder und wieder …

Atem, Gedanken … Atem, Gedanken … Atem, Gedanken … Diese kleine Übung können Sie überall und in jeder Lebenslage zwischendurch machen. Niemand bemerkt etwas davon, wenn Sie den jungen Hund in Ihrem Kopf erziehen. Aber es hat große Auswirkungen auf Ihr Leben, wenn Sie sich ihr mit Geduld und liebevoller Klarheit widmen.

Sie werden sehen: Je besser Sie Ihre Gedanken loslassen und bei Ihrem Anker ankommen können, desto schneller landen Sie in der Gegenwart. Sie werden immuner gegen Stress und finden wieder mehr Frieden in sich selbst. Sie finden schneller und tiefer Ruhe und lassen sich von den Dingen nicht mehr so aus der Ruhe bringen. Sie sind besser in sich verankert und weniger abhängig von anderen. Je mehr Sie bei sich ankommen können, desto mehr werden Sie etwas dann genießen können, wenn Sie es genießen wollen. Und umso weniger angespannt oder hektisch umhergetrieben werden Sie sein.

Manchmal geht es im Kopf besonders wild zu. Da rennt der junge Hund weg, und Sie können ihn nicht zum Wiederkommen, geschweige denn zum »Sitz« machen bewegen. Wenn Ihr Verstand Sie überhaupt nicht zur Ruhe kommen lassen will, lassen Sie ihn rennen und üben sich selbst nur darin, ihm dabei zuzuschauen. Der kleine Trick, den Sie dabei anwenden: Er rennt – aber Sie sind sich dessen bewusst. Sie aktivieren eine zweite Ebene in sich, die dem hektischen Gedankenkarussell zusieht. Probieren Sie einmal aus, was passiert, wenn Sie sich bewusst und offen auf Ihre Gedanken konzentrieren und ihnen damit gleichsam die Kraft der Unbewusstheit rauben.

mini ida

Die Lücke zwischen den Gedanken finden

Schließen Sie die Augen und nehmen Sie achtsam wahr, wie Ihr Atem Ihre Bauchdecke hebt und senkt. Geben Sie Ihre ganze Aufmerksamkeit an diese Stelle. Irgendwann beginnt der Sog Ihrer Gedanken Sie von ihr weg in seinen Bann zu ziehen. Diesmal gehen Sie bewusst mit. Folgen Sie Ihren Gedanken dahin, wohin sie Sie gerade führen. Beobachten Sie, wie sie kommen und gehen. Wenn Sie das einige Sekunden lang gemacht haben, entscheiden Sie sich, ganz bewusst auf den nächsten Gedanken zu warten. Liegen Sie wie eine Katze vor dem Mauseloch auf der Lauer. Und stellen Sie sich die Frage: Woher kommt mein nächster Gedanke?

Nehmen Sie wahr, was jetzt passiert: Hat sich das Denken verlangsamt? Ist eine kurze Lücke entstanden? Eine winzige Denkpause, als Sie auf den nächsten Gedanken gewartet haben? Lassen Sie die Beobachtung wieder los und kehren Sie zurück zu Ihrer Bauchdecke. Nehmen Sie wieder nur wahr, wie sie sich durch die Bewegung Ihres Atems hebt und senkt.

Vielleicht ist es Ihnen ja schon beim ersten Mal aufgefallen:

Bewusstheit verlangsamt die Gedanken.

Das Warten auf sie sorgt für kleine Lücken im Strom. Möglicherweise müssen Sie diese Übung aber auch noch einige Male wiederholen, um den Raum zwischen Ihren Gedanken zu entdecken. Dieser Raum ist still und scheinbar leer. Aber er ist in Wahrheit die reine, noch formlose Fülle. Es ist der Raum, in dem Wunder geschehen können und in dem Ihnen ida mit offenen Armen entgegenläuft. Mit diesem Raum werden wir uns noch ausführlicher beim Anheben beschäftigen.

Eine uralte Technik, um für Abstand zu den Gedanken zu sorgen, ist – ähnlich wie bei den Empfindungen – das Benennen. Normalerweise erleben Sie Ihre Gedanken selten bewusst. Sie sitzen ja nicht da und sagen: »Ach, wie interessant. Gerade produziert mein Geist Gedanken über meinen Mann. Mein Geist sagt, mein Mann sei rücksichtslos und kümmere sich mehr um seinen Job als um mich.« Normalerweise werden Sie vom Sog der Geschichten in Ihrem Kopf einfach mitgerissen. Um das zu unterbrechen, sollten Sie Ihre Gedanken benennen.

ida tipp

Gedanken benennen

Wenn der Sog einer besonders schmerzlichen, hartnäckigen, selbstzerstörerischen oder suchthaften Gedankenwelle Sie hinwegzuspülen droht, sollten Sie dem Teufel einen Namen geben. Wenn Sie einen Gedanken, also eine innere Geschichte, die Ihre ganze Aufmerksamkeit in den Bann gezogen hat, erkennen und sie beim Namen nennen, ist der Bann gebrochen und sie verliert ihre Sogwirkung auf Sie.

Das Namengeben schafft Abstand zu den Gedanken. Sind Sie in einer Sorgenschleife gefangen, sagen Sie im Geist: »Sorgen, Sorgen …« Wenn Sie sich innerlich über jemanden aufregen, sagen Sie sich: »Abneigung, Abneigung …«, oder: »Meckern, Meckern …« Wenn Sie dauernd einen inneren Dialog mit jemandem führen oder wegen einer Person in eine ohnmächtige Gedankenspirale verfallen, können Sie zum Beispiel sagen »Mama-Tonband«, »Georg-Tonband« oder »Mistkerl-Tonband«.

Gedankendialoge können hartnäckig sein und sich sehr real anfühlen. Aber tatsächlich finden sie nur in Ihrem Kopf statt, sie halten sich so selbst am Leben – und Sie in einer unglücklichen Geschichte gefangen. Gerade in einer Krisenzeit sollten Sie Ihre Gedanken benennen, so oft Sie nur können.

Solche kleinen Anker sind gute Hilfsmittel, um Ihren Verstand zu erziehen. Mit ihnen können Sie sich immer wieder Halt verschaffen, wenn Ihre Gedanken abzuschweifen und Sie mitzunehmen drohen. Und je öfter Sie sich bewusst in den Moment jenseits des Gedankenstroms zurückholen können, desto ruhiger und gefestigter werden Sie.

Machen Sie sich allerdings keine falschen Hoffnungen: Ihre Gedanken sind immer in Bewegung. Wenn Sie beginnen, sich von diesem dauernden Strom zu lösen, fühlt sich dies manchmal an, als gingen Sie mit gewaltigen Wellen um, die mächtig anschwellen und Sie wegzureißen drohen. Sie flauen aber auch wieder ab, wenn Sie sich nicht von ihnen mitreißen lassen und sich stattdessen gut in Ihrem Körper oder Ihrem Atem verankern.

Auch wenn sich das Ganze vielleicht erst mal etwas theoretisch anhört – es wird enorme praktische Auswirkungen auf Ihr Leben haben. Sie werden bemerken, wie stark Gedanken Ihre gesamte Weltsicht bestimmen, verändern und manipulieren. Wie Ihre Frustration über eine Sache vieles andere dunkel färbt und Ihre Zuversicht bei etwas anderem aufhellt. Mit der Zeit werden Sie immer weniger die Welt für Ihre Zustände und Erfahrungen verantwortlich machen. Vielmehr werden Sie Ihre Gedanken als Ursache erkennen. Wenn der innere Abstand zu Ihren Gedanken wächst, finden Sie langsam eine innere Balance. Sie können das end- und nutzlose Sich-Sorgen einstellen, das nur Ihre Energie raubt, und Sie werden starre Konzepte, Gewohnheiten und alten Groll loslassen.

Es wird vielleicht eine Zeit brauchen, bis Sie Ihre Konditionierungen durchschauen. Da kann es helfen, die Gedanken zwischendurch mit einem einfachen Mittel, dem »Gedankenstopp«, zum Stillstand zu bringen.

mini ida

Gedankenstopp

Erwischen Sie sich beim unguten Denken: Wenn Sie gerade grübeln, sich Sorgen machen oder fruchtlos in einem Thema festbeißen, sagen Sie innerlich laut: »Stopp!«, sobald Sie es merken. Stellen Sie kurz Kontakt zu Ihrem Körper her: Kneten Sie sich für einen Augenblick bewusst die Hände oder beugen Sie Ihre Zehen zur Fußsohle (das kann man in jeder Lage). Atmen Sie dabei ein paarmal tief durch.

Dieser Wechsel vom Kopf in den übrigen Körper kann bereits ausreichen, um den Gedankenstrom ganz zu unterbrechen. Am Anfang hat er aber meist noch so viel Schwung, dass er dazu neigt, gleich noch einmal zu versuchen, Sie zu überwältigen. Je öfter es Ihnen dann gelingt, Stopp zu sagen, desto mehr wird der Sog der gewohnten Negativspiralen nachlassen.

Eine weitere Form, mit unguten Gedanken umzugehen, die Sie in jeder Situation anwenden können, ist der Perspektivwechsel. Er ist besonders dann hilfreich, wenn Sie mit Ihren gewohnten Konzepten und Bewertungen an einer schwierigen Situation nichts ändern können. Fragen Sie sich: Inwiefern könnte diese schwierige Situation hier gut für mich sein? Wie könnte die Lektion lauten, die ich hier lernen kann? Allein diese Überlegungen werden Sie auf andere Gedanken bringen.

mini *ida*

Sich beim Lächeln erwischen

Woran auch immer Sie gerade denken – können Sie diesen Gedanken loslassen und sich daran erinnern, wie es war:

- als diese unglaubliche Sache geklappt hat
- als Sie so völlig verrückt waren
- als Sie es einfach gewagt haben
- als jemand Sie einfach nur süß fand
- als Sie diese Überraschung bekommen haben
- als dieses einmalige Angebot kam
- als Sie diesem Kind zugeschaut haben
- als Sie völlig in eine Sache versunken waren?

Und? Können Sie sich beim Lächeln erwischen? Nicht nur Ihre Gesichtsmuskeln, sondern auch Ihr Herz dankt es Ihnen, wenn Sie lernen, Ihre Gedanken aktiv und bewusst zu beeinflussen und auf ein anderes Niveau zu heben.

Sie sehen: Gedanken sind nicht aus Granit. Aber es gibt besonders hartnäckige unter ihnen. Eine Stimme in Ihrem Kopf ist beharrlich und zerstörerisch zugleich: der innere Kritiker. Eine abwertende, antreibende Stimme, die leise, aber oft flüstert: Das schaffst du nie! Das ist noch nicht perfekt! Das musst du schaffen! Das musst du besser machen als die anderen! Du bist nicht gut genug!

Die Aussagen des inneren Kritikers sind immer die gleichen, wie bei einer Sprechpuppe. Wenn Sie ihn erst einmal in Ihr Bewusstsein holen, werden Sie sehen, dass ihm jedes Thema für seine Kritik recht ist. Hauptsache, er kann kritisieren, weil ihn das am Leben erhält.

Diese Stimme, die Sie immer wieder schwächt, ist in Ihrer Kindheit entstanden, als Sie die Bewertungen Ihrer Eltern, Lehrer, anderer Erwachsener oder auch Ihrer Freunde verinnerlicht haben. Mit den Jahren haben sich diese Bewertungen von außen in Ihrem Kopf verfestigt und verselbständigt. Sie haben sie verinnerlicht, sie sind Teil Ihrer Identität geworden.

Um ihn aufzuspüren und sich aus den Klauen des inneren Kritikers zu lösen, sollten Sie ihn einige Zeit aufmerksam beobachten und ihm zuhören: Entdecken Sie seine Standardsätze. Finden Sie heraus, wann und bei welchen Themen er am aktivsten wird. Fragen Sie sich, was seine gute Absicht sein könnte. Wenn Sie dann mit etwas Abstand auf ihn schauen können, lassen Sie sich nicht zu sehr davon schockieren, wie stark er all die Jahre über sein Unwesen in Ihnen getrieben hat. Schauen Sie lieber wohlwollend auf ihn. So verliert er am ehesten seine Kraft. Sagen Sie sich: Ah, da bist du ja wieder! Nehmen Sie wahr, was die kritische Stimme in Ihnen sagt, und benennen Sie es: Jetzt hast du also wieder Zweifel ... Jetzt siehst du wieder nicht, wer ich bin ... Und dann wählen Sie bewusst zwei oder drei neue Sätze, die sich für Sie gut anfühlen:

Ich nehme mich jetzt so an, wie ich bin.
Ich schaffe das.
Ich kann jetzt loslassen.
Ich bin frei.

Wählen Sie einen Satz, der sich kraftvoll anfühlt, wenn Sie ihn sagen. Je öfter Sie die Stimme Ihres inneren Kritikers erkennen und ihn ohne Widerstand annehmen und je öfter Sie Ihr neues, wohlwollendes Selbstbild bewusst verinnerlichen, desto rascher wird seine Stimme in Ihrem Kopf an Kraft verlieren.

Im Umgang mit den Gedanken geht es immer um Bewusstmachen, Erforschen und Impulse setzen. Deshalb sollten Sie die kleinen Gedankenübungen so oft wie möglich im Alltag machen. Vor allem, wenn Sie merken, dass Sie gerade wieder in einer Negativspirale gefangen sind oder einfach nur ziellos herumgrübeln. Die Übungen helfen Ihnen, Ihre »Achtsamkeitsmuskeln« zu stärken und zu erkennen, dass Sie Ihren Geschichten im Kopf nicht hilflos ausgeliefert sind. Hier noch meine persönliche Lieblings-ida zum Landen:

mini *ida*

Füße fühlen

Gehen Sie mit Ihrer vollen Aufmerksamkeit in Ihre Füße. Spüren Sie, wie sie auf dem Boden aufkommen und wie sie sich von den Zehen bis in die Fersen anfühlen. Das lässt Sie blitzschnell landen. Bei uns in der Familie reagiert jeder schon automatisch, wenn es heißt: »Füße fühlen …«

Sie können diese Übung nutzen, wenn es hektisch wird, wenn Sie sich zu Hause zum Essen hinsetzen, aber in Gedanken noch im Büro – auf jeden Fall Lichtjahre von Ihrem Teller entfernt – sind, wenn alle durcheinanderreden oder Sie merken, wie Ihre Muskeln sich anspannen. Wenn Sie in der U-Bahn sitzen und es voll und eng ist. Auch Kinder können sie machen, zum Beispiel, wenn sie an ihre Hausaufgaben gehen.

Mir selbst hilft es als Anker immer, meine Aufmerksamkeit langsam irgendwo im Körper auszubreiten und dazu bewusst tief zu atmen. Das holt die Energie aus dem Kopf in den Körper und verlangsamt alles. Wenn Sie diesen ersten Schritt erst einmal in Ihr Alltagsleben eingebaut haben – Umschalten vom Kopf in den Körper –, heißt es im zweiten Schritt, die Aufmerksamkeit in Körper und Atem zu halten und nicht wieder in den Kopf abgleiten zu lassen. Aber natürlich wird das passieren, und Sie werden mit Ihren Gedanken abschweifen. Dann heißt es: Nicht frustrieren lassen, sondern immer wieder geduldig und annehmend zum Atem oder zum Körper zurückkommen. Wieder und wieder …

Die saure Milch denkt nicht

Warum sollen wir uns von unseren Gedanken lösen? So viele Lehren und Bücher sagen uns doch, dass wir sie perfekt für uns nutzen können. Wir müssen sie nur positiv auf unsere Ziele ausrichten. Was ist mit der Macht des Geistes? Was damit, dass unsere Gedanken unsere Realität erschaffen?

Das alles stimmt. Solange Sie mit Ihren Gedanken identifiziert sind, bestimmen Sie, wie Sie Ihr Leben erfahren. Es gibt keine festgelegte Realität um Sie herum. Da draußen ist nicht diese *eine* Welt. Sie erschaffen Ihre Welt und ich erschaffe meine – und das tun wir allein durch unsere Sinneswahrnehmungen, die von Gedanken, Einstellungen und Prägungen gefiltert werden.

Auf einem Seminar wurde mir das einmal mit einer simplen Übung klargemacht. Unser Team wurde in zwei Gruppen geteilt und jede erhielt für die Mittagspause eine gesonderte Aufgabe, von der die andere Gruppe nichts wusste. Nach zwei Stunden trafen wir uns alle wieder im Seminarraum. Jede Gruppe sollte schildern, was sie in der Zwischenzeit erlebt hatte. Die eine erzählte von der Hitze, lautem Entengeschnatter, dem schlechten Service im Restaurant und allen möglichen anderen Dingen. Die andere von der herrlichen Natur, dem Sonnenbaden am Teich und dem leckeren Essen.

Wir waren alle zur selben Zeit am selben Ort gewesen. Aber unser Verstand hatte zwei unterschiedliche Aufgaben bekommen: Die eine Gruppe sollte alles aufschreiben, was ihr positiv auffiel, und die andere alles Negative.

Eine wirklich simple Übung, deren Aha-Wirkung ich selbst nach fast zwanzig Jahren nicht vergessen habe: Ihr Geist bestimmt über Ihre Sinne. Und das, was Sie über Ihre Sinne aufnehmen, bestimmt über die Welt, in der Sie leben. Also ist es wichtig, dass Ihnen immer bewusster wird, was Sie denken und welche Filter Ihre Erfahrungen passieren. Denn Sie erschaffen durch Ihre Gedanken auch erfahrbare Realität.

Schauen Sie sich in unserer von Menschen gemachten Welt um: Alles, was Sie dort sehen, hat zuerst in Gedanken existiert. Jedes Haus, jede Schraube, jeder Blumentopf, jede

Glühbirne, jeder Mikrochip. Alles ist ursächlich zuerst im Kopf eines Menschen entstanden.

Wo auch immer Sie sich in diesem Moment befinden – schauen Sie um sich. Betrachten Sie die Dinge einmal mit einem neuen Blick, der nicht an ihrer äußeren Form Halt macht. Sehen Sie in sie hinein und realisieren Sie: Sie alle sind aus Gedanken gemacht. Es gibt nichts in der materiellen Welt, das nicht vorher in Gedanken vorhanden gewesen wäre. Gedanken verdichten sich zu Erfahrungen.

Sie sind der Gedankenarchitekt Ihres Lebens und damit ein Mitschöpfer dieses Universums. Sie denken am Tag rund 60 000 Gedanken, die sich zu Ihren Erfahrungen und Schöpfungen verdichten. Was die Qualität dieser Gedanken betrifft, so geht die Forschung allerdings leider von einer ähnlich ungleichen Verteilung aus, wie wir sie bereits von unserem Selbst-Bewusstsein kennen. Sie erinnern sich: Nur vier Prozent unserer selbst sind uns bewusst und rund 96 Prozent sind es nicht.

So sind nur rund drei Prozent unserer Gedanken aufbauend, hilfreich und unterstützend. Der Rest ist flüchtig, unbedeutend oder gar destruktiv. Sie erschaffen mit Ihren Gedanken also nicht nur materielle Realität. Ihre Gedanken bestimmen auch Ihre emotionale Wirklichkeit.

Wie hat sich wohl die Seminargruppe mit dem Entengeschnatter nach der Mittagspause gefühlt? Und wie die, die am Teich so herrlich in der Sonne gelegen hat? Gefühle sind unsere lebendig gewordenen Gedanken. Meist sind nicht so sehr unsere unmittelbaren, tatsächlichen Erlebnisse im Leben entscheidend, sondern das, was wir über sie gedacht haben.

Wenn Sie ohnehin schon schlecht gelaunt sind, weil Ihnen Ihr Job gerade viel Stress bereitet, kann Sie allein schon die sauer gewordene Milch im Kühlschrank in Rage bringen. Ihnen ist sonnenklar, dass wirklich nie das da ist, was Sie brauchen! Und die Lebensmittelmafia verseucht nun auch noch die Milch! Ihr Partner kümmert sich nie um den Einkauf, und es ist ihm sowieso völlig egal, wie es Ihnen geht. Also gehen Sie ohne Kaffee ins Büro und Ihr Tag ist gelaufen, bevor er überhaupt angefangen hat.

Was glauben Sie, was diese saure Milch mit Ihnen macht, wenn Sie frisch verliebt sind? Sie ist wahrscheinlich einfach nur saure Milch. Sie schütten sie weg und summen dabei Ihr Lieblingslied. So gut, wie Sie sich heute Morgen fühlen, brauchen Sie sowieso keinen Kaffee, sondern hören lieber Musik, die zu diesem herrlichen Tag passt.

Das fünfte ida-Geheimnis
Ihre Gedanken bestimmen Ihre Realität

• • • • • • • •

Im zweiten Geheimnis haben Sie schon gelernt, dass es einen Denker in Ihnen gibt, aber dass Sie nicht dieser Denker sind. Dass er nur ein kleiner Teil von Ihnen ist, der Ihre ganze Auf-

merksamkeit auf sich gezogen hat. Wir alle sind aber noch stark von unserem Denken bestimmt.

Und in diesem Kontext lautet das fünfte Geheimnis: Ihre Gedanken bestimmen Ihre Realität. Die saure Milch ist nicht das Problem – Ihre Gedanken über die saure Milch sind es.

• • • • • • • •

Wenn unsere Gedanken unsere Realität erschaffen, sollten wir auch hier wissen, wie wir trotz dieses Kräfteverhältnisses unser Leben erfüllend gestalten könnten. Mit den wenigen bewussten Prozent an Motivation und Zielgerichtetheit kommen wir nicht weit. Und der Versuch, die 96 unbewussten Prozent gezielt zu verbessern, ist auch weitgehend zum Scheitern verurteilt. Auch wenn es zahllose Bücher gibt, die sagen: Richte deine Gedanken auf deine Wünsche aus, um sie zu erfüllen.

In gewisser Weise stimmt das. Auf gewisse Weise ist alles eigentlich so einfach: Unsere Gedanken bestimmen unser äußeres Leben. Aber wer schafft es schon, sich wirklich konsequent auf seine Wünsche zu konzentrieren? Viele von jenen, die sich in Motivationstrainings fit für den Erfolg gemacht oder mit »Wunscherfüllungsliteratur« beschäftigt haben, mussten erkennen, dass ihre Versuche der aktiven Ziel- und Gedankenausrichtung nicht die Kraft hatten, für einen wirklichen Wandel in ihrem Leben zu sorgen.

Warum klappt das aktive positive Denken, Wollen und Wünschen nicht? Weil wir meist über tiefer liegende Gefühle

»hinwegwünschen« und uns in ein angestrengtes Habenwollen verkrampfen, das sich doch nur wie ein Zuckerguss über unsere innere Einsamkeit, unsere Selbstzweifel, unsere versteckten Ängste und unseren immer hungrigen Schmerzkörper legt.

Stellen Sie sich Gefühle als Gedanken vor, die mit lebendiger Energie aufgeladen sind. Wollen und Wünschen sind oft nur Vorstellungen im Kopf. Gefühle haben in unserem Leben daher eine viel größere Durchschlagskraft als Gedanken. Versteckte Zweifel und Ängste sind Gefühle – kraftvolle, mit Energie aufgeladene Mangelgefühle. Sie wurden zwar verdrängt in die eher unbewussten Gefilde. Aber sie wirken dort trotzdem. Sie tragen unverdaute vergangene Erfahrungen in sich, die immer noch auf feinstofflicher Ebene wirken und Informationen aussenden.

Vielleicht haben wir erlebt, dass uns jemand verlassen hat oder dass wir unsere äußere Sicherheit verloren haben. Wenn wir diese Erfahrungen nicht wirklich verarbeiten, bleibt die Angst weiter in unserem System und unterwandert mit ihrer kraftvollen Ladung jeden bewussten Wunsch nach Nähe und Wohlstand. Wenn wir im Innern an uns selbst zweifeln, hat kein noch so tief gedachtes Stoßgebet unseres Kopfes irgendeine Kraft.

Deswegen ist es wichtig, dass Sie das entlarven, was ich den unbewussten »Wunschwiderstand« nenne. Öffnen Sie sich für Ihre Gefühle, auch für die, die Sie nicht akzeptieren können oder aushalten wollen. Nehmen Sie das an, was ist. Wenn Sie im Mangel leben und nicht die Beziehung haben, die Sie sich wünschen, spiegelt das Ihre unbewussten Glaubensmuster wider – ob Sie es wollen oder nicht.

Wenn Sie sich also Wandel wünschen, sollten Sie sich zunächst vor der Realität verbeugen. Brechen Sie den Bann Ihrer unbewussten Abwehr und gestehen Sie sich ein, dass Sie irgendwo in Ihren 96 Prozent gar nicht glauben, dass Ihnen dieser Wandel zusteht. Oder dass Sie unbewusst Angst vor ihm haben, weil Sie durch ihn womöglich etwas anderes, Gewohntes, verlieren könnten, was Ihnen wichtig ist.

Wer nicht zuerst diesen unbewussten Abwehrbann bricht, sorgt mit seinen Wünschen nur für innere Kollisionen: Dann stößt ein bewusster Wunsch auf unbewussten Zweifel – und das führt zu einem kräftezehrenden inneren Konflikt. Denken Sie einmal über Ihr Leben nach: über Ihre Sehnsucht nach mehr Geld, mehr Erfolg im Job, mehr Nähe in Ihrer Beziehung, weniger Gewicht. Spüren Sie ehrlich nach: Was denken Sie über reiche und erfolgreiche Menschen? Was haben Sie zu Hause über Geld und Erfolg gelernt? Wie viel Nähe können Sie wirklich aushalten? Wie würde eine perfekte Figur zu Ihrem inneren Selbstbild passen?

Das sechste ida-Geheimnis

Ihre Realität zeigt, was Sie fühlen

• • • • • • • •

Betrachten Sie Ihr Leben einmal im Rundumblick: Was sehen Sie? Welche Dinge gefallen Ihnen, welche nicht? Was auch immer Sie sehen, es spiegelt genau das wider, was Sie in Ihrem Innersten glauben. Wenn Sie im Job keine Anerkennung bekommen, einen Partner haben, der nicht gut mit Ihnen umgeht, oder einsam sind, obwohl Sie eigentlich gern einen lieben Menschen hätten – dann zeigt das, was Sie innerlich fühlen, aber verdrängen.

Wertlosigkeit, Bindungsangst, Einsamkeit. All diese Gefühle mögen Sie vielleicht in die letzte Ecke Ihres Bewusstseins verbannt haben, trotzdem sind sie da und strahlen unterschwellig in die Welt aus. Wenn Sie sich in Ihrem Leben oder Ihrer Beziehung umschauen und Umstände entdecken, die Ihnen nicht gefallen, sollten Sie sich mit Achtsamkeit für die zugehörigen inneren Gefühle öffnen, statt dagegen zu »wünschen«. Wenn Sie Zweifel, Angst und Widerstand in sich annehmen, kann die äußere Öffnung stattfinden, nach der Sie sich so sehr sehnen.

• • • • • • • •

Ich sage oft zu Singles, die sich nach einer Beziehung sehnen: Sie kommen dann weiter, wenn Sie akzeptieren, dass Sie irgendwo in sich tausend gute Gründe haben, Single zu sein und nicht in einer nahen Beziehung zu leben. Wenn Sie sich diesen Gründen erst einmal liebevoll zuwenden, ist der Partner bald nicht mehr weit. Auch bei anderen unangenehmen Beziehungsrealitäten trifft dieses Gesetz zu. Sind Sie verlassen worden oder werden Sie betrogen? Wünschen Sie sich mit aller Kraft, aber erfolglos, dass Ihr Partner wieder auf Sie zukommt? Dann tragen Sie Misstrauen, Wertlosigkeit und die Angst, hintergangen zu werden, unterschwellig bereits genauso in sich wie die Vorwürfe gegen und Urteile über Ihren Partner. Dieser wenig einladende »Gefühlssumpf« muss gesehen, bewusst gefühlt und losgelassen werden.

Wenn Sie sich den Ängsten und Zweifeln zuwenden, ist der Bann schon gebrochen. Solange Sie das nicht tun, versuchen Sie vielleicht mit aller Kraft, Ihre Gedanken auf ein verlockendes Ziel oder bessere Umstände auszurichten. Aber die machtvollen Kräfte jenseits Ihres bewussten Zugangs sorgen dafür, dass Ihrem Wunsch die Luft ausgeht: Sie nehmen Anlauf, haben einen Vorsatz, richten Ihre Gedanken neu aus, gehen aktiv auf ein Ziel zu – und dann rutscht es Ihnen aus der Hand: Sie lassen es wieder fallen oder lassen es schrumpfen, bis es nirgendwo mehr aneckt und niemandem in die Quere kommt. Was Sie dabei unbewusst tun: Sie passen Ihr Ziel wieder an Ihre innere Welt an.

Die große Wunschwelle, die spätestens seit Buch und Film von *The Secret* über die Welt geschwappt ist, hat sicher Gutes und bei vielen die Entwicklung eines neuen Bewusstseins in Gang gesetzt. Aber sie hat auch viele »Wünscher« noch mehr in ihren Kopf und in ein neues gedankliches Anhaften ans Haben- und Weghabenwollen gebracht.

Viele Menschen haben während der letzten Jahre erfahren, dass ihre Gedanken Macht besitzen. Das ist im Grunde ein Segen. Denn wem dies erst einmal klar ist, der kann endlich die Verantwortung für sich übernehmen. Der ist mit diesem erweiterten Bewusstsein in der Lage, für echten Wandel in seinem Leben und auf diesem Planeten zu sorgen. Allerdings nur, wenn er seine Fähigkeit, von innen heraus Realität zu erschaffen und zu wandeln, auch mit dem Herzen versteht.

Herzenskraft ist einfach der Wandlungsturbo. Für eine wirkliche Veränderung braucht es Liebe. Viele Leute haben begonnen, ihre Gedanken auszurichten, ohne ihr Herz zu öffnen. Damit haben sie ihren Kopf zwar auf einen Wandel ausgerichtet, aber nicht ihre innere Ausstrahlung verändert, die einen solchen Wandel nach dem Gesetz der Resonanz anziehen kann. Sie haben die wahre Tiefe des Wunders, um das es hier geht, nicht verstanden und erfahren.

DEN WANDEL MIT HERZENSKRAFT ANGEHEN

Eigentlich geht es beim Wünschen gar nicht um einen bestimmten äußeren Lebensumstand, ein Objekt, eine Sache, einen Menschen oder um das Erreichen eines Ziels. In Wahrheit geht es um ein Gefühl.

Wir sehnen uns nach einem Gefühl, auch wenn uns das meist nicht bewusst ist.

Wir wünschen uns einen neuen Partner: Tatsächlich sehnen wir uns nach Verbundenheit.

Wir wünschen uns einen Umzug, weniger Gewicht oder ein schnelles Auto: Innerlich sehnen wir uns nach mehr Beweglichkeit, nach Loslassen und Wertschätzung.

Dies alles sind aber keine Dinge. Es sind Gefühle.

Das siebte ida-Geheimnis

Wir sehnen uns nach Gefühlen, nicht nach Menschen oder Dingen

• • • • • • • • •

Wir sehnen uns nicht nach Menschen oder Dingen, sondern nach Gefühlen aus unserem Inneren: nach harmonisierten Schwingungen und Frequenzen. Positive Gefühle haben eine feinere, leichtere und negative eine eher schwerere, dunklere Färbung. Aber diese feinere, leichtere Schwingung, die sich so satt und erfüllend im ganzen System anfühlt, kommt nicht von außen, sondern aus unserem Herzen.

• • • • • • • • •

Unsere Gedanken können uns immer nur eine Vorstellung von Dingen und Situationen vermitteln, mit denen wir gute Gefühle verbinden. Aber ihren wahren Ursprung haben diese nährenden Schwingungen in unserem Herzen. Deswegen helfen uns erreichte Ziele, neue Sachen oder Menschen oft nur vorübergehend. Sie stimulieren uns vielleicht: Die Stimmung steigt, unsere Schwingungsfrequenz erhöht sich, die Gefühle werden feiner und leichter. Aber dann flauen sie wieder ab, weil es in uns keine ausreichende Resonanz darauf gibt.

Der größte Schwingungsgenerator ist unser Herz. Sobald es sich in Liebe und Annahme öffnen kann, strahlt es elektromagnetische Wellen aus, die unseren ganzen Organismus durchströmen und in einer herrlichen Melodie erklingen lassen. Sie schwingt bis in jede Zelle hinein, sie energetisiert, heilt und nährt. Damit ist unser Herz das Machtvollste und Genialste, was unser System zu bieten hat. Es kann für alles sorgen, was wir brauchen. Vorausgesetzt, es darf lieben.

Da kommt ihm allerdings der Schmerzkörper mit all seinem angesammelten verspannten Ballast in die Quere. Wenn der Schmerzkörper in unserem System aktiv ist, werden die heilsamen Herzenswellen gestört. Dann gibt es eine Art Rauschen im ganzen Organismus. Denn auch unser Schmerzkörper sendet Frequenzen aus. Auch er will mit Dingen und Umständen in Resonanz gehen, allerdings mit völlig anderen als unser Herz. Er sucht nach denen, die zu seiner Frequenz passen, die deutlich tiefer und dunkler ist als die des Herzens. Der Schmerzkörper geht immer nur mit Schmerz in Resonanz. Er nährt sich von allem, was uns Schmerz bereitet: Missmut, Ärger, Groll, Gram, Schuld, Gewalt, Krankheit, Hass – das sind Leckerbissen für ihn.

Wenn Ihr Schmerzkörper nach Futter giert, sendet er die entsprechenden niedrigen Frequenzen aus. Dem Gesetz der Resonanz gemäß ziehen Sie bald wieder Umstände, Menschen und Dinge an, die zu dieser tieferen Frequenz passen. Neues Leid und neuer Frust sind vorprogrammiert, mit denen der Schmerzkörper sich füllen und Sie in einer niedrigen Frequenz halten kann. Das Resonanzgesetz lässt sich mit keinem Wünsch-dir-das-Programm umgehen oder betrügen. Entscheidend für die Erfüllung in Ihrem Leben ist daher, dass Ihr Herz lieben darf und Sie lernen, Ihren Schmerzkörper auf Diät zu setzen.

mini ida

Schmerzkörper-Diät

Achten Sie auf jedes noch so kleine Gefühl von Unmut in sich: Ungeduld, Gereiztheit, schlechte Laune, Frustration oder ungestilltes Verlangen. Das sind die ersten Signale dafür, dass der Schmerzkörper »Hunger« hat. Dass er wieder Nachschub und noch mehr von dem braucht, worunter Sie leiden. Schnappen Sie sich jedes kleine missmutige Gefühl, sobald Sie es mit Ihrer Bewusstheit erwischen können. Nun machen Sie einige tiefe Atemzüge in dem vielleicht noch ungewohnten Bewusstsein: Das bin nicht ich – das ist mein Schmerzkörper.

Und dann öffnen Sie sich innerlich voller Annahme für dieses Gefühl. Damit ist der unbewusste Bann gebrochen. Ihr Schmerzkörper hat zwar Hunger nach mehr Schmerz. Aber Sie schwingen auf einer ganz anderen Frequenz: der Ihres Herzens. Diese Übung kann sehr herausfordernd sein. Machen Sie sie trotzdem so oft wie möglich. Die Mühe lohnt sich, denn Ihr Schmerzkörper wird mit der Zeit anfangen, an Gewicht in Ihrem Leben zu verlieren.

Hinter all Ihren kleinen Sehnsüchten steckt die große Sehnsucht, sich im Einklang mit Ihrem Herzen zu spüren. Ihr Körper ist ein Klangkörper, der harmonisch klingt, wenn Ihr Herz seine Melodie in ihn hinein und durch ihn in die Welt senden kann. Dabei bilden Ihre Gefühle die einzelnen Töne. Sie haben Ihre ureigene harmonische Herzensschwingung und ich habe meine. Aber jeder von uns beiden spürt sofort, wenn seine eigene Herzensfrequenz ihn durchströmt. Es ist das Gefühl, wirklich im Einklang mit sich zu sein.

Es entspricht auch dem wunderbaren Gefühl, wenn wir frisch verliebt und völlig »bei uns« sind. Alles in unserem Inneren summt, surrt und schwingt geradezu. Das Herz hüpft, die Schmetterlinge flattern im Bauch. Sie haben im Kopf vielleicht all diese Idealbilder von dem Anderen. Aber was sich so göttlich anfühlt, ist nicht der Andere, sondern der Einklang, in dem Sie mit sich selbst sind.

Wenn Sie wünschen und sehnen, sehnen Sie sich in Wahrheit nach nichts da draußen, sondern nach diesem einzigartigen, alles umfassenden Herzensklang. Er entsteht, wenn Sie Ihr Herz öffnen und etwas oder jemanden mit Ihrer Liebe, Ihrer Annahme, Ihrer Freude und Ihrem Mitgefühl umfangen.

Eigentlich geht es hier nicht um Gefühle im klassischen Sinne. Es sind eher Seinszustände. Gefühle sind immer von etwas abhängig. Sie werden durch Gedanken, Umstände, Dinge und andere Emotionen ausgelöst. Zufriedenheit, Mitgefühl, Dankbarkeit, Glückseligkeit, dies sind alles Ihre natürlichen

Seinszustände. Alles, was Sie von ihnen trennt, ist der Nebel Ihrer Alltagsgefühle und -gedanken. Öffnen wir uns für unseren natürlichen Zustand der Dankbarkeit oder des Friedens, dann spüren wir unser Herz mit seiner unvorstellbaren Kraft und Liebe und uns in unserem wahren Sein. Das ist, was wir sind. Das ist ida. Indem wir unser Herz öffnen, fühlen wir uns beseelt und durchströmt. Dieses Strömen kennt keine Grenzen, es ist eine bedingungslose Verbundenheit mit allem, was ist. Sie ist unser Kern. Wir können sie nicht verlieren und auch nicht außerhalb von uns in Dingen und Menschen finden – nur in unseren Herzen.

Diese Sicht auf uns und andere braucht eine gedankliche Öffnung und einen Perspektivwechsel. Alle unsere Wünsche erfüllen sich, wenn wir verstehen: Alles, wonach wir uns sehnen, ist in Hülle und Fülle in uns vorhanden. Es fließt uns aus unserem Herzen zu, sobald wir uns nur dafür öffnen. Daher ist es an der Zeit, unser Herz ganz neu zu verstehen und nach seiner Weisheit leben zu lernen. Alles andere ist wider unsere Natur und macht uns auf Dauer krank.

Unser Herz ist nicht nur ein großes Mysterium, weil es die Liebe in die Welt bringt und unser Zugangstor zu ida ist. Unser Herz ist auch ein hochsensitives Wahrnehmungsorgan, das ständig eine unglaubliche Fülle an Informationen aus dem Universum aufnimmt und an unseren Körper vermittelt.

Es erzeugt ständig komplexe Informationen, die unseren Blutkreislauf genauso wie unser geistiges und seelisches Befinden regeln. Sein Herzschlag ist mehr als ein mechanisches Pulsieren einer Versorgungspumpe. Es ist eine intelligente Sprache, die uns präzise und weise durch unser Leben navigieren kann. So hat es großen Einfluss darauf, wie wir die Welt wahrnehmen und auf sie reagieren.

In den vergangenen Jahren haben Neurowissenschaftler etwas Aufregendes entdeckt, was sie als »Gehirn im Herzen« bezeichnen. Sie stellten fest, dass es ein Zwei-Wege-Informationssystem zwischen Herz und Gehirn gibt. Dass das Herz sein eigenes unabhängiges Nervensystem hat, das über mindestens 40 000 Nervenzellen Informationen zum Gehirn sendet. Es empfängt nicht nur, wie bisher vermutet, Botschaften vom Hirn, sondern sendet auch eigene Botschaften dorthin, die das Gehirn nicht nur versteht, sondern denen es auch gehorcht.

Es gibt sie also, die Herzensintelligenz. Wenn Sie ein Handy auf zwei Beinen sind und Informationen aussenden und empfangen, dann ist Ihr Herz Ihr innerer Sender, Ihre energetische Basisstation. Es produziert elektromagnetische Wellen, die Ihren gesamten Organismus durchströmen und ihn bis hinein in die DNS jeder Zelle rhythmisieren und synchronisieren. Die inneren Wellen sind im EKG über die Haut messbar, aber es gibt auch Wellen außerhalb des Körpers.

Das elektromagnetische Feld des Herzens ist bei Weitem das stärkste im gesamten Organismus. 5000-mal stärker als das des Gehirns. Es ist der größte Aussender von Frequenzen im gesamten Universum. Experimente haben gezeigt, dass die

Wellen des Herzens sogar über große Entfernungen Informationen auf andere Menschen übertragen. Allein wenn wir uns in einem Gespräch innerlich mit jemandem verbunden fühlen, übertragen wir auf ihn diese feinen elektromagnetischen Impulse, die sich dann tatsächlich in seinem EKG nachweisen lassen.

Bisher geschieht dies alles bei den meisten von uns völlig unbewusst und chaotisch. So beeinflussen Sie zwar Ihre Herzfrequenz, sobald Sie sich aufregen. Sofort ist sein Rhythmus gestört und seine feine Melodie aus dem Takt gebracht. Wenn Sie in Liebe an jemanden denken, harmonisiert sich die Herzfrequenz allerdings ebenso unmittelbar sofort wieder. Das Wissen, dass wir die Frequenz unserer Gefühle verändern können, öffnet uns das Tor zu einem Leben in einem neuen Bewusstsein.

Durch den ida-Prozess können Sie mit Achtsamkeit, Präsenz und Annahme den Klang Ihres Herzens bewusst wieder harmonisieren und damit maßgeblich Ihre Beziehungen, Ihre Gesundheit und den Zustand dieser Welt beeinflussen. Schon wenn Sie sich bewusst auf Ihren Herzbereich konzentrieren und sich dabei Gefühle wie Anteilnahme, Liebe, Mitgefühl oder Wertschätzung in sich wachrufen, beginnt Ihr Herzrhythmus sich augenblicklich zu harmonisieren. Allein wenn Sie sich annehmend und achtsam Ihrem Herzen zuwenden, setzt dies Veränderungen im Nervensystem und der Biochemie des gesamten Organismus in Gang, die sich auf jedes

Organ, auf jede Zelle und damit unmittelbar auf Ihr Wohlbefinden auswirken. In Ihnen beginnt es zu strömen. Sie fühlen sich selbst. Dies sorgt nicht nur für mehr Gleichgewicht im Nervensystem, es senkt auch die Produktion bestimmter Stresshormone, verbessert die Immunfunktionen und harmonisiert Ihr gesamtes System.

mini *ida*

Herzensmusik

Bringen Sie Ihr Herz dazu, eine Melodie zu summen. Schließen Sie die Augen. Machen Sie es sich bequem. Finden Sie Ihren Atem im Körper. Atmen Sie einige Male ein und aus und halten Sie dabei einen achtsamen Kontakt mit der Atembewegung in Ihrem Körper. Wo fließt der Atem hinein? Und wo finden Sie den tiefsten Punkt in Ihrem Körper, von dem aus er sich wieder zurückzieht und nach außen fließt?

Wenn Sie gut mit Ihrem Atem im Körper verankert sind, suchen Sie Ihr Herz auf. Atmen Sie in Ihr Herz hinein und stellen Sie sich vor, wie es schlägt, pumpt und Sie versorgt. Wie es strahlt und helle, warme Wellen in Ihr gesamtes System aussendet. Schicken Sie Ihrem Herzen Ihre Liebe und Dankbarkeit für alles, was es für Sie tut. Verweilen Sie einige Augenblicke in diesem Gefühl bei Ihrem Herzen in dem Wissen: Es versteht diese innere Kommunikation.

Diese Übung können Sie wunderbar vor dem Schlafengehen im Bett machen, damit sich Ihr Herz ruhig und mit Ihnen verbunden in die Nacht begeben kann. Dies reduziert Ihren Stress und lässt Ihren inneren Frieden wachsen, je mehr Ihr Herz »summen« und in seiner Frequenz schwingen darf. Sie werden auch erleben, wie Sie immer klarere Führung in Ihrem Leben finden und besser auf Ihre Intuition vertrauen lernen, weil Sie die Sprache Ihres Herzens immer besser verstehen.

Herzensführung – das Supernavi

Dem eigenen Herzen zu folgen kann anfangs eine ziemliche Herausforderung sein. Unser Herz legt uns schließlich keine Analyse und auch keinen wissenschaftlichen Befund vor. Es sagt Ihnen auch nicht: Mach das – denn das war schon immer so. Ihr Herz ist in einen universellen Informationsstrom eingebunden und hat stets Zugriff auf das größere Ganze. Daraus sendet es Ihnen unmittelbar spontane Informationsimpulse. Das ist meist nicht mehr als ein feines inneres Gefühl, das Sie bestärkt, etwas zu tun oder es lieber zu lassen.

Auf einmal wissen Sie: Ja, das ist richtig. Aber Sie wissen es nicht mit dem Kopf. Sie haben keine logische Erklärung. Sie wissen es in Ihrem inneren System. Da ist nur ein Impuls, der so minimal und fein wie komplex und informationsgeladen ist. In Ihrem Bewusstsein ist eine Information von innen angekommen, als ob Sie eine SMS erhalten hätten, die lautet: Hallo, lass das, fahr heute nicht dorthin! Und dann lesen Sie am nächsten Tag in der Zeitung, dass es auf dem Weg, den Sie eigentlich genommen hätten, am Vortag eine Vollsperrung gegeben hat und die Leute stundenlang feststeckten. Oder Sie haben plötzlich das Gefühl, Sie müssten anhalten und kurz einen Kaffee trinken, obwohl Sie eigentlich gar keine Zeit haben. Aber etwas drängt Sie, und Sie gehen in das Café – und treffen dort einen ehemaligen Kollegen, den Sie seit Jahren nicht gesehen haben und der nach dem Gespräch den entscheidenden Kontakt für Ihren neuen Job herstellt.

Mein Herz hat mich schon unzählige Male zu Menschen und Lösungen geführt, die ich allein und nur mit meinem Kopf nie gefunden hätte. Im Laufe der Jahre hat sich dadurch meine innere Haltung verändert. Ich weiß, dass ich oft nicht weiß. Dass meine Einsicht in die Zusammenhänge meines Lebens nur sehr begrenzt ist. Und dass die Dinge manchmal nicht so laufen, wie ich es gerne hätte, weil sie mich weiter führen, als ich es gerade überblicken kann.

Heute muss ich nicht mehr alles selbst machen und kann mich meinem Herzen besser anvertrauen. Ich gehe stärker als früher in einer Art offenem Fragemodus durchs Leben und nehme die kleinen Impulse und Zeichen aufmerksamer wahr. Viel öfter frage ich mich: Wozu könnte das gut sein? Was könnte mir den richtigen Hinweis geben? Fühlt sich das richtig an oder nicht?

Sie werden in den CD-Übungen nicht nur lernen, wie Sie mit Ihrem Herzen Kontakt aufnehmen, sondern auch, wie Sie mit ihm besser kommunizieren und sich von ihm führen lassen. Wie Sie tatsächlich Ihre eigenen Lösungen in sich finden.

Allen eingefleischten Kopfmenschen sei gesagt: Machen Sie sich keine Sorgen, Sie müssen in Zukunft nicht »gefühlig« und mit einer Wünschelrute in Händen durchs Leben laufen. Ihr Kopf ist nicht überflüssig. Er ist ein geniales Werkzeug, das Ihnen in vielen Situationen hilfreich zur Seite steht. Sie sollten es auch weiterhin gezielt und bewusst nutzen und gut behandeln. Es arbeitet nur ganz anders als Ihr Herz.

Ihr Kopf kann Zusammenhänge analysieren, memorieren, einteilen, vergleichen, Erfahrungen sortieren und all diese Daten in Gedanken übersetzen, sodass Sie sie nutzen können. Indem er Millionen von Datenfragmenten sammelt und kombiniert, gelingt es unserem Kopf, Muster zu bilden, anhand derer Sie sich im Leben orientieren können.

Das ist hilfreich, damit Sie durch Ihre Routinen und Ihren Alltag navigieren können. So müssen Sie die Erfahrung mit der heißen Herdplatte nicht täglich neu machen und sich beim Autofahren auch nicht jedes Mal fragen, ob Sie kuppeln müssen, bevor Sie den Gang einlegen. Es ist praktisch, dass Ihr Kopf das alles für Sie schon sortiert hat. Allerdings verleitet ihn sein linear-logisches Aneinanderreihen von Informationen und sein ständiges Kramen in bestehenden Datenvorräten dazu, in seinen vorgefertigten Mustern stecken zu bleiben und ein Thema rein rational und konzepthaft zu erfassen: So ist es eben … So hat es zu sein …

Der Kopf erstarrt unter seinem wachsenden Datenberg mit den Jahren immer mehr in der Haltung: Ich weiß Bescheid. Kommt Unvorhergesehenes auf ihn zu, ist er vor allem damit beschäftigt, seine gesammelten Informationen auf ähnliche alte Erfahrungen hin zu durchsuchen und diese dann auf neue zu übertragen.

Während der Kopf mit diesem Abgleichen beschäftigt ist, weiß unser Herz längst Bescheid. Es verarbeitet Informationen unmittelbarer und komplexer. Es ist immer offen für neue Erkenntnisse – es sucht förmlich danach. Das Herz ist gerade in Zeiten des Wandels ein besserer Führer als der Kopf, weil es ganzheitlich und in einem größeren Kontext »versteht«. Unser Verstand versteift sich oft auf die vier Prozent plus Logik. Unser Herz hat in jedem Moment Zugang zu unseren hundert Prozent und kann eine Situation oder eine Frage im Sinne unseres inneren Wesens und unserer tieferen Bedürfnisse erfassen.

Das Herz ist mit einem universellen, kollektiven Bewusstsein verbunden, das weit über die Möglichkeiten des Verstandes hinausgeht. Ihm wohnt eine organisierende, zentrale Intelligenz inne, die jenseits unserer subjektiven Fähigkeiten und Prägungen für übergeordnete Lösungen sorgen und uns so über unsere Probleme hinausführen kann. Die es uns ermöglicht, kreativer und unmittelbarer zu Einsichten zu kommen, die im Gesamtkontext unseres Lebens Sinn machen.

Ihr Herz ist idas Zuhause.

Wenn Sie sich mit Ihrem Herzen verbinden, haben Sie Zugang zu einem schier unerschöpflichen Potenzial an Weisheit und Liebe, einem intelligenten Bewusstseins- und Erkenntnisfluss. Sie erleben diesen als unmittelbares, intuitives Wissen, das Ihnen spontan als Gedanken oder Emotionen zufließt und über Ihre Verstandesfähigkeiten hinausgeht. Dann ist es so weit: Sie haben Zugang zu Ihrer Herzensintelligenz.

Im Prozess der Neuorientierung müssen Sie Ihren Kopf nicht verdammen. Bringen Sie ihm lieber bei, dass er besser auf »Sitz!« hört und zwei neue Partner hat: ida und Ihr Herz. Und dass er jetzt im Team mit ihnen auf eine ganz neue Art aktiv werden kann.

mini ida

Auszeit für den Kopf

Wann immer Sie eine Antwort, eine Lösung oder eine kreative Idee benötigen – halten Sie inne. Was für Ihr Leben mit ida gilt, gilt auch für Ihren Kopf. Damit Sie und er wieder ein gutes und konstruktives Team werden, sollten Sie auch den Denker darin in die Stille führen. Fragen Sie sich bewusst: Wie lautet das Thema, für das ich jetzt einen Impuls benötige? Dann halten Sie im Denken einen Moment inne und richten Ihre gesamte Aufmerksamkeit auf Ihr inneres Energiefeld. Spüren Sie in Ihre Beine und Füße hinein. Nehmen Sie das lebendige Kribbeln dort wahr. Geben Sie Ihre Aufmerksamkeit in Ihr Becken und in Ihre Fingerspitzen. Werden Sie Ihres Atems und der stillen Lebendigkeit in Ihrem Körper gewahr.

Wenn Sie einmal tief in sich hineingetaucht sind, ist Ihr Verstand nach dieser Auszeit erholt, frisch und kreativ. Machen Sie sich diese Übung zur Gewohnheit, besonders wenn Sie geistig sehr aktiv sind. So können Sie eine immer stärkere Verbindung zwischen Kopf und Herz aufbauen und mit Ihrem ganzen System statt nur mit dem Kopf denken.

Wir brauchen unseren Kopf in dieser Welt. Wir müssen ihn nur in gesunde Grenzen verweisen und ihn von einem automatischen Denkapparat in einen nützlichen Gehilfen verwandeln. Parallel sollten wir auch unserem Herzen wieder mehr Raum in unserem Leben geben. Es hat unbegrenzten Zugang zu ida und kann alle für uns bedeutsamen Informationen aus dieser Welt als elektromagnetische Informationswellen in unser System senden. Und wir können sie in Form von Intuitionen wahrnehmen. Intuitionen sind kein gefühliger Frauenkram, sondern komplexe Informationsbündel, die in einen einzigen für unser System erfahrbaren Impuls komprimiert sind. Viele große Erfindungen basieren auf Intuitionen. Sie brauchen diesen offenen Moment der Entspannung, diese Idee unter der Dusche, die Eingebung beim Spaziergang. Und schon hat der Kopf wirklich kostbare Informationen, die er verarbeiten und als neue Ideen und Konzepte in diese Welt bringen kann. Kopf und Herz – ein Dreamteam, das Sie zu ida führt.

Endlich auf Empfang

Vielleicht leuchtet Ihnen nach den letzten Seiten durchaus ein, dass Ihr Herz ein verflixt geniales Ding ist. Aber Sie halten sich einfach nicht für den Typ »schwingendes, klingendes Herzilein«? Und Sie haben nicht die leiseste Ahnung, wie Sie Herzensimpulse erkennen und für Ihr Leben sinnvoll dekodieren können?

Vertrauen Sie darauf: Jeder hat Zugang zu seinem Herzen. Sie brauchen nur die Bereitschaft, diesen Zugang zu nutzen. Sie werden die Sprache des Herzens umso besser verstehen, je näher Sie sich selbst kommen, und können so Ihre feinen Gefühlsregungen deutlicher wahrnehmen. Vielleicht spüren Sie auf einmal klarer, wie gut Ihnen etwas Bestimmtes tut und etwas anderes nicht. Wie Sie sich in der Nähe mancher Menschen besser fühlen und bei anderen wie ausgesaugt. Wie ein Spaziergang durch die Natur Sie bis tief in Ihr System hinein belebt, der Klang einer Stimme Sie berührt. Möglicherweise kommen Ihnen auf einmal Dinge in den Sinn, mit denen Sie sich vorher nie beschäftigt haben, und bringen Sie auf neue Wege. Oder Sie haben den Impuls umzuziehen oder Ihren Lebensrhythmus zu verändern.

Während Sie die Übungen machen, wird sich Ihre gesamte Wahrnehmung verfeinern. Allein das Lesen öffnet Ihr Bewusstsein für neue Einsichten und verändert dadurch Ihre Wahrnehmung. Wenn Sie sich bewusst mit ida beschäftigen, erweitert dies Ihren Zugang zu Ihrem Potenzial. Ida wartet auf Sie. Ihr Herz sendet schon die ganze Zeit Informationen und Impulse aus. Neu ist nur, dass Sie jetzt auch auf Empfang gehen. Es ist so, als ob Sie Ihr Radio einschalten – der Sender ist bereits lange aktiv.

Und noch eine Sorge möchte ich Ihnen an dieser Stelle nehmen: Ihrem Herzen zu folgen und Ihre Gefühle summen und klingen lassen, heißt nicht, dass Sie jetzt gefühlig durchs Leben schaukeln, ständig nah am Wasser gebaut sind, bei Ihrer Steuererklärung vor allem Ihrer Intuition folgen sollten oder auf ein Bauchgefühl warten müssen, bevor Sie den Laptop einschalten.

Dem Herzen folgen bedeutet, sehr klar, präsent und in genauer Wahrnehmung zu leben. Das können Sie nicht, wenn Ihr Leben einem wogenden Meer aus Drama, Liebe und Leidenschaft gleicht und Sie ständig von Ihren Emotionen mitgerissen werden. Solange Sie nicht in sich landen, können Sie

Ihr Herz gar nicht richtig hören. Da ist entweder kein Empfang oder einfach noch zu viel Rauschen im System. Sie sind noch süchtig nach den Medien, und der Druck alter, ungelebter Gefühle hindert Sie daran, innezuhalten, still zu werden und zu lauschen. Und wenn Sie dann endlich lauschen, rauscht es, statt zu summen oder zu schwingen.

Ob Herzensmensch oder nicht: Sie müssen bereit sein, Entscheidungen zu treffen und einem neuen Weg ernsthaft zu folgen. Es kann nicht schaden, unterscheiden zu können, ob Sie in einer Sache von Ihren Emotionen ferngesteuert werden oder tatsächlich Ihrem Herzen folgen. Zu erkennen, ob Sie von einer inneren Negativladung angeschoben werden, wenn alte Emotionen im Spiel sind, oder hellwach wie eine Katze vor dem Mauseloch auf die feinen, unmittelbaren Impulse von innen warten, wenn Sie die Navigation nach und nach Ihrem Herzen übertragen und ihm folgen wollen.

Der ida-Prozess ist am Anfang ein Hin und Her zwischen Altem und Neuem. Mal fühlen Sie sich glasklar von innen geführt, dann taumeln Sie wieder dahin. Mal können Sie sich nur noch zurücklehnen und innerlich im Summen und Klingen Ihres Herzens baden. Und mal scheint eine Durststrecke gar kein Ende nehmen zu wollen, auf der Sie Ihren Schmerzkörper angehen müssen.

Warten Sie nicht länger darauf, dass Ihnen etwas ein gutes Gefühl macht. Entscheiden Sie sich dafür, Ihre guten Gefühle zu leben. Es geht tatsächlich darum, dass Sie sich bewusst entscheiden, Herzensgefühle in sich zu spüren. Das Leben wird Ihnen keine idealen Umstände und Menschen vor die Nase setzen, die gibt es nämlich nicht.

mini ida

Herzenserinnerung

Diese Übung hilft Ihnen, wieder Zugang zu Ihrer Herzenswelt zu finden: Erinnern Sie sich an Ihre Gefühle in Situationen, in denen Sie von Herzen dankbar für etwas waren? Oder wie jemand Sie einfach so genommen hat, wie Sie sind? Wie war es, als Ihr Kind auf die Welt kam? Bei welcher Gelegenheit waren Sie zuletzt mit der Welt im Reinen und wie war das?

Begeben Sie sich ganz in diese Erinnerung, sie sollte sich in Ihrem ganzen System ausbreiten. Schließen Sie die Augen und gehen Sie durch Ihren Körper: Wo können Sie dieses Gefühl wahrnehmen? Welche Regungen löst es aus? Spüren Sie diesen Regungen achtsam nach. Können Sie irgendwo ein Strömen, ein Fließen oder ein Energiegefühl wahrnehmen? Was macht Ihr Atem, wenn Sie sich mit dem Herzen erinnern? Speichern Sie in Ihrem Geist diese innere Gefühlslandkarte ab. Dann können Sie sie jederzeit hervorholen und sich wieder in diese Emotionen hineinbegeben, wenn Ihnen danach ist.

Der Wandel kommt in Ihr Leben, wenn Sie lernen anzunehmen, was ist, und sich im Herzen glücklich zu fühlen, weil Sie sich glücklich fühlen wollen. Bisher haben Sie gewünscht und gesehnt. Und Sie haben geglaubt, Sie bräuchten Ereignisse oder Menschen, die dieses Gefühl endlich zu Ihnen bringen. Glück schien etwas zu sein, das in Sie hineingegeben und auch wieder aus Ihnen herausgenommen werden kann.

Sie haben sich gesagt: Dieser Blick, dieses Lied … das hat mich glücklich gemacht! Sie haben Ihr Glück einfach von sich weg auf einen Umstand oder einen Menschen geschoben. Statt zu erkennen, dass dieses Glück in Wahrheit eine Herzensschwingung in Ihnen ist, die nur durch den Menschen oder die Sache aktiviert wurde. Durch ein Lied, einen Blick, eine Berührung oder einen Gedanken kann es geweckt werden, weil es in Ihrem Herzen ruht. Aber eben auch durch Sie.

Das Faszinierende ist: Sie können diesen Prozess ohne Hilfe oder äußere Veränderungen aus sich heraus in Gang setzen. Allein dadurch, dass Sie sich bewusst mit Ihrem Herzen verbinden und echte Dankbarkeit, Zuwendung, Annahme, Güte, Verständnis und Liebe für sich, für jemand anderen oder für irgendetwas auf diesem Planeten empfinden. Selbst wenn Sie die Gefühle aus einer Erinnerung heraus aktivieren. Nur Ihr Kopf sagt: Das ist eine Erinnerung. Wenn Sie das Gefühl in diesem Moment in sich tragen, *ist* es *jetzt*.

mini *ida*

Herzensgüte verschenken

Verbinden Sie sich mit Ihrem Atem und Ihrem Herzen und stellen Sie sich einen Menschen vor, dem Sie innerlich Ihr Herzensgefühl schicken. Ihr Kind ist gerade nicht zu Hause – schicken Sie ihm Ihre Liebe. Ihr Partner ist wutschnaubend aus dem Haus gerannt – senden Sie ihm Ihre Zuwendung. Ihr Chef war wieder ein Alptraum – schicken Sie ihm Ihre Güte … Verschenken Sie Herzensgefühle. Sie kommen an, wo auch immer der andere sein mag. Denken Sie daran: Ihr Herz ist das größte Sendezentrum im ganzen Universum.

Die Fähigkeit, sich ganz einem Herzensgefühl zu widmen, kann hilfreich sein, wenn Sie sich unter Menschen begeben, die gerade nicht so gut drauf oder hektisch und gestresst sind. Diese Menschen senden ihre eigenen Informationswellen aus. Und diese schwingen weit über die Grenzen ihrer Körper hinaus und können Sie und andere leicht mit runter in dunkle Frequenzen ziehen. Je kraftvoller und klarer Sie auf Ihre eigene Herzensfrequenz eingestellt sind, desto weniger können andere Sie herunterziehen und desto eher fühlen sich diese anderen in Ihrer Gegenwart wohl und geradezu erfrischt. Denn Sie bringen ihre innere heilsame Melodie zum Erklingen.

mini *ida*

Fühlen, was da ist

Werden Sie still und verbinden Sie sich mit Ihrem Atem. Öffnen Sie sich zärtlich und liebevoll in Ihr Herz hinein und beginnen Sie, den Frieden zu fühlen, der in Ihnen liegt. Lassen Sie diesen Frieden aus dem Zentrum Ihres Wesens auftauchen. Er ist ein Bewusstseinszustand, zu dem Sie immer Zugang haben, indem Sie sich nach innen und Ihrem Herzenswesen zuwenden. Seien Sie still und richten Sie Ihre empfangsbereite Wahrnehmung darauf zu fühlen, wie sich Frieden in Ihnen anfühlt. Laden Sie ihn in Ihr Bewusstsein ein. Lassen Sie ihn aus Ihrem Inneren aufsteigen. Da gibt es nichts zu tun, da ist keine Arbeit erforderlich. Es geht allein darum, weit zu werden, achtsam, empfänglich und offen. Erlauben Sie Ihrem innerem Frieden, sich in Ihnen auszubreiten und Teil Ihres Bewusstseins zu werden.

Durch Ihre Öffnung und Zuwendung werden Sie innerlich friedvoller. Sie spüren, wie Ihre gesamte Energie sanfter, klarer und harmonischer wird. Wie Sie loslassen und sich selbst in Ihrem Inneren ausbreiten. Wie Sie sich immer mehr in Balance und in Ihrem Zentrum fühlen.

Damit andere sich zu Ihnen hingezogen fühlen, müssen Ihre Wünsche nicht erst in Erfüllung gehen und Sie müssen auch nicht perfekt sein. In Wahrheit ist es genau umgekehrt: Je stärker Sie Ihre hochschwingenden Gefühle in Ihrem Herzen aktivieren, desto heftiger ziehen Sie Umstände und Menschen an, die mit diesen feinen Frequenzen in Resonanz gehen.

mini *ida*

Vorboten der Dankbarkeit

Wenn Sie sich etwas vorstellen oder es ersehnen, sollten Sie sich für die Gefühle öffnen, die mit der Erfüllung Ihres Wunsches einhergehen würden. Es geht nicht nur darum, ein Anliegen im Kopf zu haben und sich darüber Gedanken machen. Wenden Sie sich Ihren Herzensgefühlen zu, die Sie mit Ihrer Sehnsucht verbinden. Spüren Sie sie in Ihrem Herzen. Lassen Sie diese Emotionen bereits jetzt durch Ihren Körper in die Welt hinausschwingen.

Wenn Sie sich etwas wünschen, ist das stärkste Gefühl die Dankbarkeit. Gehen Sie mit Ihrer Aufmerksamkeit in Ihr Herz. Seien Sie mit allen Fasern dankbar für den Zustand, den Sie mit der Erfüllung Ihres Wunsches verbinden. Verbinden Sie sich in einem Gefühl der Dankbarkeit mit Ihrem Atem und sammeln Sie Ihre ganze Achtsamkeit zärtlich in Ihrem Herzen. Fühlen Sie, wie die Wellen der Dankbarkeit sich in Ihrem Körper ausdehnen. Wie die Melodie der Dankbarkeit in Ihnen erklingt.

Dankbarkeit ist das größte Mysterium auf dem Weg zu ida. Seien Sie von Herzen für etwas dankbar – und es vermehrt sich in Ihrem Leben. Tief empfundene Dankbarkeit ist der Transformations-Beschleuniger schlechthin. Vom Herzen sendet sie eine unglaublich kraftvolle Frequenz aus, die im Gegensatz zu allem Wünschen und Wollen die entscheidende Kernbotschaft für den Wandel in die Welt schickt, nach dem Sie sich sehnen: Dankbarkeit für etwas erzeugt in Ihnen das Gefühl, diese Sache zu haben, zu erleben, zu fühlen. Diese Emotion sendet genau die Information aus, die anzieht, was Sie sich wünschen. Denn Sie strahlen aus, dass Sie es haben.

Sie können diesen letzten Passus über die Kraft der Dankbarkeit ruhig ein paar Mal oder auch ein paar dutzend Mal lesen. Bis Sie das Gefühl haben, Sie können in sich das große Mysterium der Dankbarkeit fühlen.

Wenn Sie die Essenz der Kraft der Dankbarkeit in sich hineinlassen, dann wird Ihnen immer bewusster, im Leben dreht sich alles um Öffnung und nicht um Wollen, Machen, Haben und Wünschen. Öffnung ist das Tor zu unserem inneren Frieden. In ihr finden wir unser Glück, und durch sie erlösen wir unseren Schmerz. So geht es beim ida-Prozess immer wieder neu darum, dankbar das anzunehmen, was längst da ist.

WIE SICH SCHMERZ IN NEUE KRAFT VERWANDELT

Vielleicht denken Sie gerade: Klar – Dankbarkeit, Friede, Freude, Eierkuchen. Leicht gesagt! Aber Ihr Job steht auf der Kippe, Ihr Partner hat sich verliebt, Ihr Körper ist kurz vor dem Burn-out, und ich habe den glorreichen Vorschlag, Sie sollen einfach ein bisschen Frieden, ein bisschen Freude fühlen.

Im Prinzip müsste ich tatsächlich sagen: Ja, genau – das hilft. Aber nicht, wenn man daraus Friede, Freude, Zuckerguss macht. Wenn es Ihnen gerade nicht gut geht, sollten Sie sich der Unzufriedenheit, dem Ärger oder der Enttäuschung zunächst offen stellen. In Krisen hilft es nicht, die Situation zu beschönigen oder zu kaschieren. Bei dem hier beschriebenen Prozess geht es schließlich immer darum, den jetzigen Augenblick anzunehmen. Und wenn es Ihnen im Moment nicht gut geht, sollten Sie sich erst einmal dieser Tatsache zuwenden.

Ihren Schmerz anzunehmen bedeutet nicht, dass Sie in Ihrem Leid schwelgen. Wenn Sie sich ihm in ähnlich radikaler

Weise zuwenden wie Ihren Herzensgefühlen, wird daraus ein magischer Prozess. Im Lichte Ihres Bewusstseins verwandelt sich der Schmerz in Lebenskraft und neue Energie. Dies kann zur tiefsten und spannendsten Transformation in Ihrem Leben werden, einem Abenteuer.

Das achte ida-Geheimnis

Schmerz und Wohlgefühl brauchen ein offenes Herz

• • • • • • • •

Die Herzensöffnung ist der größte Zaubertrick, den das Leben für uns bereithält. Wenn Sie sich wohl und erfüllt fühlen wollen, machen Sie dafür Ihr Herz weit und öffnen Sie es dankbar. Dann breitet sich der ersehnte Zustand in Ihnen aus.

Wenn Sie Schmerzen leiden, öffnen Sie sich dafür in Ihrem Herzen und wenden Sie sich Ihrem Leid mit Ihrer ganzen Liebe zu. Dann öffnet es sich, und alles kann wieder in Fluss kommen. Allein unser offenes Herz kann unser Wohlgefühl wachsen lassen und unseren Schmerz lindern. In beiden Fällen aktivieren wir eine Instanz in uns, die jenseits dieser Gefühle existiert und uns annehmend und gütig umschließt. Das ist ida, unser wahres Sein. Reines Bewusstsein, die Liebe für alles, was ist.

• • • • • • • •

Unser emotionaler Schmerz beginnt im Kopf, und dort verstricken wir uns in all die Urteile, Bewertungen und Geschichten, die unsere Realität in Gut und Schlecht unterteilen und so emotionales Leid erzeugen.

Der erste Schritt, unser Leben wieder lebendig und freudvoll werden zu lassen, ist der, dass wir uns von Bewertungen lösen. Ihre Urteile – letztlich ja auch nur Gedanken – über einen Menschen, eine Sache oder eine Situation sorgen für Ihren Schmerz. Von ihnen gilt es loszulassen, denn sie aktivieren den Schmerz sonst immer wieder neu. Reduzieren Sie bewertende Gedanken auf ihren Kern, fühlen Sie den Schmerz darin unmittelbar – um ihn aus sich entlassen zu können. Probieren Sie dazu folgende Mini-ida:

mini *ida*

Zum Kern der Bewertungen kommen

Was möchten Sie in diesem Moment gerne ändern? Worum geht es Ihnen?

Sobald Sie Ihr Thema klar vor Augen haben, treten Sie innerlich einen Schritt zurück. Betrachten Sie es mit achtsamer Präsenz: Welche Urteile tragen Sie in sich, welche Bewertungen?

Reduzieren Sie sie auf einen Kernsatz: Mein Partner ist schlecht, weil er mich betrügt … Ich bin nicht gut genug, eine erfüllende Liebe zu finden … Mein Chef ist ein Dummkopf, weil er mir nur einen befristeten Vertrag gibt …

Welches Kerngefühl löst Ihr Problem in Ihnen aus? Einsamkeit … Existenzangst … Eifersucht … Überforderung … Wut … Identifizieren Sie ein zentrales Gefühl. Können Sie es benennen? Ihm einen Namen geben? Wo in sich können Sie es verorten? Wie fühlt es sich im Körper an? Atmen Sie in dieses Gefühl hinein und nehmen Sie es achtsam und bewusst wahr.

Jetzt sind Sie im Moment gelandet: bei Ihrem spürbaren, emotionalen Schmerz. Sie haben Ihre Energie aus der Geschichte und wieder zu sich zurückgeholt. Jetzt sind Sie da, wo Sie tatsächlich etwas ändern können. Bei Ihrer unmittelbaren Erfahrung von emotionalem Schmerz in diesem Moment. Gehen Sie mit Ihrem Atem zu dem Gefühl im Körper und beginnen Sie, es für einen Moment bewusst mit allen Fasern zu erleben.

Es kann sehr befreiend sein, ein Gefühl, das ohnehin die ganze Zeit in Ihnen drückt, endlich einmal bewusst und ohne Widerstand zu fühlen. Sich ihm wenigstens für einen Moment hinzugeben und es anzunehmen. Holen Sie das Gefühl zu sich zurück. Vielleicht sagen Sie einmal laut und bewusst: Ich bin eifersüchtig. Oder: Ich fühle mich ohnmächtig. Oder: Ich habe Existenzangst.

Wenn Sie statt der Bewertungen jetzt Ihre Eifersucht, Ohnmacht oder Existenzangst fühlen, durchleben Sie Ihre bereits gemachten, aber verdrängten emotionalen Erfahrungen. Existenzangst ist meist keine unmittelbare Bedrohung, sondern eine alte Angst davor, dass sich eine schmerzliche Erfahrung wiederholen könnte. Wenn ich eifersüchtig bin, trage ich bereits eine Angst aus einem Erlebnis in mir, in dem ich verlassen oder hintergangen wurde.

Erkennen Sie, dass es auch bei den Bewertungen nicht um unmittelbare, lebendige Gefühle des Herzens geht, sondern um angestaute und festgehaltene Emotionen. Dieses Festhalten tut weh und ist wider unsere Gefühlsnatur, die lebendige, unmittelbare und wandelbare Qualitäten hat. Wir erleben ihren Fluss, wenn wir den gegenwärtigen Moment mit offenem Herzen zulassen.

Wenn wir das nicht tun, erstarren unsere Gefühle. Sie werden unterbrochen, fragmentiert, gestaucht und verwandeln sich in emotionalen Ballast. Sie haben in Ihrem Job zum Beispiel eine Idee für eine Veränderung, die Sie Ihrem Chef vortragen. Ihr Chef lehnt Ihren Vorschlag ab. Sie nicken sachlich und freundlich und verlassen sein Büro. Das ist es zumindest, was man von außen sieht.

Innerlich war Ihr Erleben ganz anders. Zuerst tauchte ein kreativer Impuls in Ihnen auf, aus dem sich eine bewusste Idee entwickelt hat. Durch diese Idee kam Freude auf, die Sie bewegt hat, zu Ihrem Chef zu gehen. Daraus konnte sich Begeisterung entwickeln, ihm Ihre Idee vorzustellen. Die schlug in Traurigkeit und Enttäuschung um, als Ihr Ansinnen abgelehnt wurde.

Diese Gefühlsbewegung fand aber nur in Ihrem Inneren statt und kam nicht zum Ausdruck. Sie geriet gewissermaßen in einen inneren Stau und blieb im System stecken. Dadurch wurde sie schwer und dicht, verwandelte sich schließlich in Resignation und Wut und wurde Teil Ihres Schmerzkörpers.

Das ist der Anfang aller emotionalen Abwärtsspiralen. Aus Freude wird Leid. Bewegung erstarrt. Innere Impulse werden gehemmt. Gefühle verwandeln sich in Emotionen, den schweren Stoff, aus dem sich mit der Zeit Ihr Schmerzkörper formt. Beim nächsten Mal sind dann nicht mehr Sie und Ihre spontanen Gefühle am Werk. Wo bisher Kreativität floss, werden sich bei einem nächsten Mal die Emotionen stauen. Wo erst Neugierde und lebendige Freude sind, wird im Laufe der Zeit der Schmerzkörper aktiviert: Ach, mein Chef … Bei dem geht sowieso nichts … Da mach ich doch lieber Dienst nach Vorschrift … Da braucht man sich gar nicht erst zu bemühen … Soll er doch selbst sehen, wie er es hinkriegt …

Jetzt ist der Schmerzkörper aktiv. Hat er erst einmal unbemerkt das Kommando in Ihnen übernommen, will er und wollen Sie nur noch eines: mehr Schmerz. Wir haben uns mit diesem Automatismus bereits befasst.

Sie verwandeln alten Schmerz in neues Bewusstsein, wenn Sie eine düstere Kette von inneren Urteilen unterbrechen, indem Sie sie beobachten und nicht mit ihr gehen. Wenn Sie Ihre Gefühle von Leid, Frustration und Aggression wahrnehmen, aber sich nicht von Ihnen herunterziehen lassen und sie nicht blind ausagieren. So werden Sie immer wacher, und Ihr Energiefeld wird immer feingliedriger.

Dieser Prozess ist überaus kraftvoll, aber er braucht etwas Übung. Ich habe sicher schon hunderte Male meinen Schmerzkörper erwischt, und trotzdem erwischt auch er mich zwischendurch immer wieder.

Wenn Ihr Schmerzkörper Sie das nächste Mal attackiert, können Sie wach bleiben und müssen sich nicht in sein Ansinnen verwickeln lassen. Sie können Ihren Schmerzkörper präsent und neugierig in seiner Aktivität beobachten und den Schmerz in Ihnen fühlen. Dieses bewusste Beobachten und Fühlen reicht völlig aus, um den Transformationsprozess in Gang zu setzen.

Wach und präsent beim Schmerz zu bleiben kann anfangs ziemlich unangenehm sein. Manchmal so, als ob Sie verrückt würden. Manchmal so, als ob Sie von einem Gewicht unter Wasser gezogen würden. Wenn Sie nicht das Gewohnte tun, nämlich verdrängen oder kompensieren, erleben Sie vielleicht auf einmal diese nackte Verlassenheitsangst; diese rohe Ladung an Wut oder diese beängstigende Ohnmacht. Ich würde lügen, wenn ich sagen würde, das sei ganz in Ordnung. Ich selbst empfinde es immer wieder als Herausforderung, mitten in einem düsteren Tumult in mir wach und präsent zu bleiben und alles, was auftaucht, offen, quasi surfend wahrzunehmen. Der Sog kann einfach sehr stark sein. Die Macht der Gewohnheit kann sich anfühlen, als ob Sie ohnmächtig würden. Der Drang, es jemandem heimzuzahlen, kann Ihnen geradezu in den Gliedern brennen. Die Begierde kann von Ihnen Besitz ergreifen wie ein mächtiger Tyrann.

Doch dann vergegenwärtige ich mir: Das Nachgeben sorgt nur kurz für Erlösung, sie hält uns aber auf Dauer in Gefangenschaft und hindert uns daran, das Leben zu leben, das wir gerne leben möchten. Der Druck, die Gier und der Schmerz werden durch unsere Unbewusstheit nur weiter genährt.

Wer einem unangenehmen Gefühl lange ausgewichen ist oder es auf andere projiziert hat und jetzt plötzlich Präsenz zeigt, macht eine Art Entgiftungsphase durch. Der »Mist« kommt an die Oberfläche. Wehren Sie sich nicht dagegen. Atmen Sie in solch einer akuten Phase, so tief und so bewusst Sie können, schicken Sie Zuwendung und Liebe in die unangenehmen Gefühle und lassen Sie Mitgefühl walten.

Bleiben Sie neugierig. Beobachten Sie, was geschieht, wenn Sie in Ihrem Kopf zwar Bewertungen vornehmen, sich aber nicht mit ihnen identifizieren. Wenn Sie die Gefühle zulassen und sich nicht gegen sie stellen. Im Laufe dieses Prozesses werden Sie immer feinere Ebenen Ihres Schmerzkörpers wahrnehmen. Sie werden seine unterschwellige Zerstörungskraft bewusst erleben, wenn Sie reizbar, verzickt, nörglerisch, rechthaberisch oder streitsüchtig sind. Wenn Sie seinen lähmenden Sog spüren, misstrauisch, verbittert und voller Groll sind. Sie werden immer wacher werden für seinen subtilen, aber machtvollen Einfluss auf Ihr Leben, der von einem latenten Widerstand über den Alltagsärger bis hin zu radikaler Wut oder einer schweren Depressionswolke reicht.

Je früher Sie diese destruktiven Energien bewusst in sich wahrnehmen, desto eher haben Sie die Chance, aus Ihrem alten, fremdbestimmten Lebensmodus auszusteigen und zwischen Ihrem Schmerzkörper und sich zu unterscheiden und zu sagen: Ich kann mich zwischen beiden entscheiden. Ich kann mein Bewusstsein und meinen Atem jetzt in diesen alten Schmerz hinein ausbreiten, mit allen Fasern wahrnehmen und mein Herz für dieses Gefühl öffnen. Ich kann bewusst spüren, wie mein Herz es berührt. Ich kann diesem Schmerz meine wache Präsenz in der Gegenwart, mein Mitgefühl und mein offenes Herz geben. In diese Annahme hinein kann sich der Schmerz öffnen, und ein tiefes inneres Loslassen kann geschehen. Endlich ist der Schmerz der alten Bewertungen gesehen und gewürdigt worden.

Herzschmerz verbrennen

»Schmerzen verbrennen« – das ist eine Methode, die ich schon vielen Menschen ans Herz gelegt habe. Auch Sie sollten sie in Ihrem ida-Prozess für sich nutzen.

Versetzen Sie sich in folgende Situation: Seit Wochen ist da diese unsichtbare Mauer zwischen Ihnen und Ihrem Partner. Heute hören Sie zufällig, wie er mit jemand anderem am Telefon lacht und scherzt und diesem Menschen offensichtlich nah ist. Ihr Gedankenkarussell beginnt sich zu drehen. Sie steigern sich in Verlust- und Einsamkeitsfantasien und die Vorstellung, dass Sie hintergangen werden. Sie bekommen Angst, Ihr Herz fängt an zu rasen. Ihr Körper verkrampft.

Auch hier gilt: Gehen Sie präsent und wach in diese Gefühle hinein. Egal ob Magendrücken, Spannung im Nacken, Wutattacke, Angst, Panik, Ohnmacht oder Eifersucht – holen Sie den Schmerz aus der Unbewusstheit und fühlen Sie ihn in Ihrem Körper. Nehmen Sie die Haltung des aufmerksamen Zeugen ein. Bleiben Sie ganz wach und lassen Sie sich ein. Wenn Sie wirklich hineingehen, kann sich das anfühlen, als ob Sie etwas innerlich verbrennen.

Bleiben wir bei dem Beispiel Eifersucht. Versuchen Sie dieses Gefühl in sich zu verorten, wenn es auftaucht. Eifersucht ist oft eine Art emotionaler Cocktail: körperlich spürbar als reißende Spannung im ganzen System, emotional fühlbar als Verlustangst, Ohnmacht, Einsamkeit. Oder die Angst, die im Körper alles zusammenzieht und für Enge im Brustkorb sorgt oder für einen Krampf im Bauch. Wut beschert uns oft ein hitziges Spannungsgefühl unter der Haut, als wollte sie reißen. Lokalisieren Sie die Emotion in Ihrem Körper ganz genau. Jedes Gefühl bringt Ihren feinstofflichen Körper, von dem Ihr physischer Körper durchwoben ist, in einen anderen Zustand und damit den feststofflichen Körper in einen anderen Tonus.

Ich kann Ihnen hier nur Anhaltspunkte geben. Das Entscheidende ist, dass Sie selbst hineinspüren und die Emotionen und Energien in Ihrem System besser kennenlernen. Nehmen Sie bewusst wahr. Es ist, als hörten Sie ein Geräusch irgendwo in Ihrer Wohnung, Sie können aber nicht genau sagen, wo. Sie wissen nur, da ist dieser unbekannte Laut. Sie spitzen die Ohren, versuchen, ihn zu lokalisieren, und sind in einer offenen, suchenden Haltung. Bei schmerzenden, unangenehmen Gefühlen sollten Sie sich genau in diese offene, suchende Haltung begeben und in Ihren Körper »hineinhorchen«.

Vielleicht beginnt Ihr Herz zu rasen, Sie spüren Enge in der Brust, oder Ihr Nacken versteift sich. Oder da ist eine bleierne Schwere, und Sie haben gar das Gefühl, fast ohnmächtig zu werden. Spüren Sie, wo das Gefühl in Ihrem Körper auftaucht, und nehmen Sie seine Energie wahr: Enge, Weite, Steifheit, Brennen …

Auf einer zweiten wahrnehmenden Ebene wenden Sie sich dem unangenehmen Gefühl – das wahrscheinlich schon lange in Ihnen schlummert – offen zu und nehmen es an. Analysieren Sie nicht mit dem Kopf nach dem Motto: Ob das wohl von damals herrührt …? Ich komme über diese Geschichte einfach nicht hinweg …

Hier geht es nicht darum, Ihre Gefühle zu verstehen oder sie einzuordnen. Sie sollen sie nackt und kommentarlos fühlen, damit sie sich lösen können. Wenn Sie präsent bleiben und wach in ein Gefühl hineinspüren, öffnet es sich meist und kommt in Bewegung. Halten Sie die Verbindung zu diesen emotionalen Oberflächenbewegungen aufrecht, dann lassen sich auch die darunterliegenden Gefühle erschließen.

Wenn sich ein Gefühl verändert oder Sie feststellen, dass da gleich zwei Empfindungen um Ihre Aufmerksamkeit kämpfen, gehen Sie auf beide ein. Lassen Sie sich in diesem Prozess stets von Ihren Gefühlen leiten. Sie folgen dem, was in Ihnen ist. Manchmal tauchen gleichzeitig bestimmte Gedanken auf, denen Sie gut zuhören sollten.

Wichtig ist nur, dass Sie sich von dem, was in Ihnen »arbeitet«, nicht wieder in die Unbewusstheit ziehen lassen. Behalten Sie beide Ebenen in Ihrem Bewusstsein: Da ist der Schmerz – und hier bin ich, der Beobachter. Manchmal brauchen Sie ein paar Minuten des präsenten Umgangs mit einer Empfindung. Manchmal ist Geduld gefragt, und Sie brauchen viele Anläufe, um in der Wahrnehmung zu bleiben, bis Sie merken, wie sich langsam etwas zu lösen beginnt. Oder es kommen Ihnen plötzlich die Tränen, während sich etwas in Ihnen befreit. Eine alte Geschichte kann sich in einem neuen Licht zeigen und fühlt sich nun an, als sei endlich wieder etwas in Fluss gekommen.

Was auch immer sich in Ihnen regt, lassen Sie es fließen

und nehmen Sie es mitfühlend an. Dann können Sie das Verbrennen des Herzschmerzes gleichsam von Nahem erleben. Als ich zum ersten Mal das Gefühl hatte, dass da in mir etwas regelrecht verbrennt und sich mitten in der Glut eine neue Kraft zeigt, wurde ich demütig und war ganz bewegt von diesem kleinen Wunder: Verbrannter Schmerz hatte sich in geklärtes Bewusstsein verwandelt.

Das Verbrennen von emotionalem Schmerz hilft Ihnen, bewusster und authentischer zu werden.

Jedes Mal, wenn Sie in der Wahrnehmung bleiben und sich nicht von unangenehmen Gefühlen fortzerren lassen, reifen Sie und stärken Ihre Persönlichkeit und natürliche Führungsqualität. Außerdem hilft Ihnen dieses Annehmen Ihrer verdrängten Emotionen, ihr Selbstbild zu verändern, Sie »runder« zu machen und von Idealisierungen und Rollenklischees zu befreien. Das Schmerzen-Verbrennen kann Ihre Sicht auf Situationen und Menschen dramatisch verändern.

Ich erinnere mich noch gut an einen unfreiwilligen Prozess des Schmerzen-Verbrennens in meinem Leben. Ich war frisch verheiratet, gerade umgezogen und hochschwanger. Vor alldem hatte ich ein unabhängiges Leben geführt. Ich war durch die Welt gereist, hatte in fernen Ländern gelebt, Karriere gemacht und mir nach mehr oder weniger langer

Zeit immer neue Partner gesucht. Jeder – ich selbst eingeschlossen – hielt mich für eine, die nichts umhaut, die vor nichts Angst hat, die selbständig, unabhängig und überall zu Hause ist.

Bis zu diesem Punkt in meinem Leben, an dem ich ohne eigenen Job in einer fremden Stadt mit einem Kind im Bauch dasaß und einen Mann hatte, dessen neuer Job und alte Junggesellen-Gewohnheiten dafür sorgten, dass er kaum nach Hause kam. Während ich abends allein war, wuchsen meine Ängste von Woche zu Woche ins Unerträgliche. Das Handy meines Mannes war meist ausgeschaltet, und ich saß in der neuen Wohnung manchmal bis in die Nacht zitternd allein auf der Couch. Mich überkamen regelrechte Verlassenheitsängste und Panikzustände, ohne dass ich mir auch nur ansatzweise erklären konnte, was da eigentlich vor sich ging.

Ich erkannte mich selbst nicht mehr wieder und schämte mich für meinen Katastrophenzustand. Immer öfter bekam ich Streit mit meinem Mann. Was nichts daran änderte, dass ich abends oft allein war. Damals wusste ich von all dem, worüber ich hier schreibe, noch nichts. Aber rückblickend kann ich Ihnen versichern: Diese Abende auf der Couch waren unfreiwilliges Schmerzen-Verbrennen.

In dieser unreifen Beziehung und abhängigen Lebenssituation konnte ich nicht mehr länger vor meinen Gefühlen wegrennen. Ich konnte nicht in die Ferne flüchten und meine Unsicherheit mit neuen Jobs und Erfolg kompensieren. Ich musste sitzen bleiben und meinen Schmerz, meine Angst und Abhängigkeit, meine Ohnmacht und innere Einsamkeit fühlen. Das erschien mir manchmal so unerträglich, dass ich dachte, ich werde wahnsinnig.

Doch ich bin nicht wahnsinnig, sondern reifer geworden. Die Frau, die aus diesem Prozess hervorging, war weicher geworden und konnte wieder fühlen. Sie musste sich eingestehen, dass sie völlig bedürftig nach Nähe und einem Zuhause war und sich nach einem Menschen sehnte, der sie umsorgte. Das alles hatte ich mir zuvor nie eingestanden, sondern war davor weggelaufen. Diese Zeit in meinem Leben fühlte sich an wie ein Drogenentzug. Aber die einsamen Abende auf der Couch haben mich so klar zu meiner Wahrheit geführt, wie es keine Abenteuerreise je vermocht hätte.

Zur Selbsterkenntnis müssen Sie jedoch keine erzwungenen Horrortrips erleben. Sie können in Ihrem Tempo, bewusst und in kleinen Schritten, wieder zu Ihrer inneren Wahrheit und zu Ihrem Herzen zurückfinden. Wenn Sie lernen, die alten Emotionen der Angst, Trauer, Panik, Verzweiflung und Eifersucht bewusst zu fühlen, werden sich diese verwandeln. Und Sie stoßen auf Gefühle, die einst in Ihnen lebendig waren und nicht gelebt werden konnten oder verletzt wurden. Wenn die Emotionen wieder ins Bewusstsein zurückkehren und in Bewegung kommen, treten auch die Gefühle hinter den Schmerzen wieder zu Tage. Ein leidvoller, sich selbst nährender Kreislauf ist endlich durchbrochen.

Sie müssen nicht länger unbewusst mit dem Schmerz in Resonanz gehen und die Welt und andere Menschen durch die Brille der Vergangenheit erfahren. Sie können endlich wieder in Ihrem Herzen und im jetzigen Augenblick ankommen. Und damit haben Sie die Tür geöffnet, um wirklich mit einem anderen Menschen in Beziehung zu treten. Sie sind wieder in der Lage, Ihre Gefühle unmittelbar wahrzunehmen und sie anderen gegenüber unmittelbar auszudrücken. Manches gestaltet sich unbequemer, weil Sie es jetzt realistisch sehen, aber alles wird lebendiger und echter. Sie werden sehen: Ankommen in der Gegenwart lässt lebendige Ruhe einkehren, und es heilt Ihre Beziehungen.

Sie können Ihren Körper nun gesunden lassen und nähren, und zwar mit einer so einfachen wie genialen Methode: Überschwemmen Sie ihn mit Bewusstheit, vor allem nach einem Prozess des Schmerzen-Verbrennens. Auch wenn man äußerlich nichts sieht: Solch ein Prozess ist eine starke innere Bewegung und setzt im System viel alte Energie frei. Da ist es gut, wenn Sie danach nicht nur viel Wasser trinken, um Ihren Körper beim Entgiften zu unterstützen. Sie sollten ihn auch mit neuer Aufmerksamkeit »durchspülen«. Überhaupt wirkt solch eine innere Überschwemmung immer klärend und regenerierend. Sie brauchen dafür nur ein paar Minuten Zeit. Besonders wohltuend ist die Übung abends vor dem Einschlafen und morgens gleich nach dem Aufwachen.

mini *ida*

Bewusstheit überschwemmt mich

Setzen oder legen Sie sich bequem hin und schließen Sie die Augen. Verbinden Sie sich mit Ihrem Atem. Suchen Sie seinen tiefsten Punkt in Ihrem Körper, bis zu dem er einströmt und von wo er wieder ausströmt. Folgen Sie Ihrem Atem für einen Moment. Dann konzentrieren Sie Ihre Aufmerksamkeit für einige Sekunden vom Kopf abwärts auf verschiedene Körperteile: Kopf, Hals, Brust, Arme, Hände, Bauch, Becken, Oberschenkel, Knie, Waden, Füße und Zehen. Dann tun Sie das Gleiche andersherum und wandern wieder nach oben. Lassen Sie Ihre Bewusstheit in Ihrem Körper nun wie eine Welle mehrmals auf und ab wogen. Eine Minute genügt schon.

Jetzt breiten Sie sich mit Ihrer Bewusstheit im ganzen Energiefeld Ihres Körpers aus – bis in die Haar-, Finger- und Zehenspitzen hinein – und stellen sich vor, wie Sie den Körper bis in jede Zelle hinein mit Ihrer Präsenz überschwemmen. Die Wellen dringen in jeden Winkel Ihres Körpers vor. Eine solche Bewusstheitsflut vitalisiert und erfrischt den Körper auf seiner tiefsten Ebene und wirkt nach einem Heilungsprozess des Schmerzen-Verbrennens wie ein Frühjahrsputz.

Wie der Kuss wieder ein Kuss wird

Es ist meine große Leidenschaft, mit Menschen an ihren Beziehungen zu arbeiten. Deshalb erlebe ich immer wieder, welch große Verlockung in starken Emotionen steckt, wenn es um Partnerschaft geht. Wir setzen Liebe gerne mit großer Leidenschaft und/oder wildem Begehren gleich. Aber das ist nicht Liebe. Das sind unsere spannungsgeladenen Gefühle.

Wenn Sie dauerhaft Erfüllung finden wollen und Sehnsucht nach echter Nähe haben, sollten Sie sich der Einsicht stellen: Große Emotionen entspringen nicht unserem Herzen, sondern unserer Vergangenheit und unseren Vorstellungen und haben wenig mit unserem Partner zu tun. Mögen die Gefühle auch noch so stark sein, sie sind von Natur aus polarisierend und idealisierend.

Waren Sie gerade noch voller Leidenschaft für einen Menschen, so können Sie schon im nächsten Moment Hass für ihn empfinden, weil er nicht so ist, wie Sie es sich erhofft hatten. Während Sie sich eben noch vor Begehren nach einem Menschen verzehrt haben, sind Sie gleich darauf bereits krank vor Eifersucht. Emotionen können jeden Moment in ihr Gegenteil kippen.

Unsere Gefühle führen uns am Ende immer in das Traumland in unserem Kopf, aber nie in eine echte, lebendige Begegnung mit einem ganz normalen Menschen. Für eine langfristige Beziehung, die wachsen kann, brauchen wir unsere unmittelbaren Gefühle und Authentizität im Augenblick. Meine Erfahrung in meiner Arbeit als Beziehungscoach zeigt mir immer wieder: Nichts wirkt sich so heilsam auf eine Partnerschaft aus wie bewusstes Achtsamkeitstraining und regelmäßiges Schmerzen-Verbrennen.

Beides sorgt dafür, dass Ihr innerer Halt stärker wird. Beides macht Sie bewusster, klarer, authentischer und mit der Zeit auch mutiger, sich so zu zeigen, wie Sie sind. Beides löst Sie von der Vergangenheit und von Ihren Vorstellungen und lässt Sie wieder in der Gegenwart ankommen – dem einzigen Moment, in dem eine Beziehung lebendig und erfahrbar werden kann. Wenn Sie in Erinnerungen schwelgen oder in Gedanken schon wieder drei Schritte im Voraus leben, verpassen Sie Ihr Rendezvous mit ida genauso wie das mit Ihrem Partner. Mit ida können Sie genauso wie mit Ihrem Herzensmenschen nur in echten Kontakt kommen, wenn Sie in der Gegenwart landen und fühlen.

Die meisten Paare haben allerdings so viel an Vergangenheit zwischen sich stehen, dass kein Platz mehr für eine echte Begegnung im Hier und Jetzt ist. Was einer von beiden sagt oder tut, löst beim anderen dann eine ganze Lawine an Erinnerungen, Ängsten und Urteilen aus, die den Moment komplett überlagern.

Wie oft sitzt Ihr Körper zwar in diesem Moment in diesem Stuhl, aber *Sie* sind nicht da: Sie haben sich in den Bildern in Ihrem Kopf verloren. Sie grübeln über etwas Vergangenem oder sehnen sich danach, hoffen auf etwas Neues, fiebern dem Treffen am Wochenende entgegen oder fürchten sich vor dem Termin nächsten Monat. So verpassen Sie ida und jede authentische Begegnung mit Ihrem Partner. Das Ankommen im Augenblick und die radikale Annahme des Schmerzes können Sie beide aus Ihrem verstaubten Gefängnis befreien. Es bringt Sie heraus aus Ihrem Kopf und all den angesammelten Geschichten, zurück in die unmittelbare Begegnung. In dem Maße, wie Sie wieder präsent und bei sich sein können, können Sie dies auch mit den Menschen um Sie herum. Wenn Sie den eigenen Gedanken und Gefühlen mit Ruhe und Gelassenheit begegnen, gehen Sie auch gelassener und mitfühlender mit anderen um.

Natürlich ist es hilfreich für Ihr Leben und Ihre Beziehungen, Ihre Vergangenheit zu kennen und sich ihr zu stellen. Und sicher ist es bis zu einem gewissen Grad sinnvoll, sich mit den Zusammenhängen und Ursachen der eigenen Verhaltensweisen und Gefühlsmuster zu beschäftigen. Aber noch wichtiger ist es, sich nicht in der Analyse der Vergangenheit zu verlieren, sondern einen neuen Umgang mit der Gegenwart zu lernen. Nicht Erkenntnis, sondern Präsenz ist der wahre Schlüssel zu Lebensfreude und emotionaler Balance. Allein indem Sie lernen, gegenwärtig zu sein, fällt der Ballast der Vergangenheit allmählich von den Dingen ab. Dann lässt sich immer öfter die Unschuld des Augenblicks erleben.

Erinnern Sie sich? Dieser erste Kuss damals … diese erste

Berührung. Alles war so intensiv, so voll, Sie fühlten sich bis in die Haarspitzen durchströmt von einem warmen Gefühl. Und Jahre später? Vieles ist flacher, tauber, mechanischer geworden. Doch das liegt nicht an Ihrem Partner, an irgendeiner Technik und auch nicht an Ihren Lippen. Das Geheimnis des Kusses ist die Präsenz. Wenn Sie offen mit allen Sinnen und Fasern Ihres Körpers und einem uneingeschränkten Ja in diesen Kuss hineinfallen können, fühlt er sich intensiv und voll an. Wenn Sie mit Ihren Gedanken woanders, innerlich voller Groll, Gier oder Spannung sind, dann ist der Kuss dumpf, flach und leer.

Der Kuss ist einfach nur der Kuss. Der feine Unterschied liegt in der achtsamen Präsenz. Sie sorgt für Fülle, Machen und Habenwollen für Anstrengung. Das Potenzial dieses gesamten Prozesses liegt darin, dass Sie lernen, Ihre Aufmerksamkeit so zu vertiefen, dass das Leben sich wieder von selbst und mühelos im gegenwärtigen Moment ausbreiten kann und Sie wieder wach und feinsinnig werden.

Jeder Moment, jede Handlung, jedes Gefühl, jeder Gedanke eignet sich dazu. Es gibt nichts Besonderes zu erreichen, was auch immer Sie fühlen oder tun. Sie können sich entscheiden, sich ganz hinzugeben. Die Praxis mit ida ist einfach: Was auch immer Sie tun in Ihrer Beziehung und in Ihrem Alltag, tun Sie es achtsamer. Tun Sie es ganz und gar. Essen Sie, wenn Sie essen. Hören Sie zu, wenn Sie zuhören. Berühren Sie, wenn Sie berühren.

Aus diesen kleinen erlebten Momenten entwickeln sich dann kleine intensive Begegnungen, die zu einem intensiveren Leben führen. Die Erfüllung in Ihrem Leben hängt einzig davon ab, wie sehr Sie wieder bewusst und mit allen Sinnen im Moment leben. Wenn Sie das begreifen, kann es zu einer radikalen Revolution in Ihrer Partnerschaft und Sexualität führen. Denn Sie merken langsam, dass es nicht um neue Menschen, aufregende Erfahrungen, große Emotionen oder außerordentliche Begegnungen geht. Sondern darum, dass Sie wieder anfangen, sich zu öffnen und zu spüren, was Sie spüren.

mini ida zum Fühlen

Wie aus dem Kuss wieder ein Kuss wird

Jeden Tag das Gleiche: Ihr Partner kommt nach Hause und umarmt Sie oder gibt Ihnen einen Begrüßungskuss. Aber diesmal ist es nicht das Gleiche. Diesmal sind Sie da. Wenn Sie es tun, geben Sie Ihrem Partner bewusst einen Kuss oder eine Umarmung. Seien Sie ganz da in diesem Kuss, dieser Umarmung.

Schicken Sie den Autopilot auf Urlaub und fühlen Sie die kurze Berührung mit all Ihren Sinnen. Spüren Sie die Wärme, die Lebendigkeit und wie Sie sie in Ihren Körper hineinlassen können. Wie Sie Ihr Herz öffnen für Ihren Partner.

Wenn Sie in einer Beziehungskrise stecken, kann solch ein bewusster Umgang mit gewohnheitsmäßigen Gesten für neue Nähe und gegenseitige Achtsamkeit sorgen. Er kann Sie aber auch spüren lassen, wie wenig wahrhaftige Verbindung jenseits solch automatisierter Rituale noch zwischen Ihnen und Ihrem Partner existiert. Sie könnten erkennen, dass Sie dringend Stopp sagen und Ihre innere Wahrheit ausdrücken müssen. Dass gar keine Basis für einen Kuss oder eine Umarmung gegeben ist. Dann kann Präsenz klärend und heilsam für eine Partnerschaft sein.

Ein bewusster Umgang mit Gewohnheitsgesten kann auch ans Licht bringen, wo Sie selbst tatsächlich stehen. Wie sehr Sie sich vielleicht zurückgezogen und aus Angst vor Verletzung »imprägniert« haben. Wie viel Groll oder Widerstand sich im Laufe der Zeit angesammelt hat. Wie sehr Ihre sinnliche Wahrnehmung abgestumpft ist.

Mit dem ida-Programm können Sie den umgekehrten Weg antreten: Sie lernen, Ihre Gefühle und die Empfindungen Ihres Körpers wieder wahrzunehmen, und laden sie ins Bewusstsein und damit zurück ins Leben ein. Ihre Begegnungen und Berührungen werden aufs Neue unmittelbar und erfüllt. Sie entdecken sich selbst tiefer denn je und begegnen anderen Menschen in der gleichen Weise – und Sie treffen ida.

Werden Sie Herr über sich statt über das Leben

An dieser Stelle möchte ich einem möglichen Missverständnis vorbeugen: In diesem Prozess sollen Sie Ihren inneren Frieden, Ihre Lebendigkeit und Ihr Potenzial wiederfinden. Es geht nicht darum, eines Tages perfekt, schmerz- und fehlerfrei in den Club der vollkommenen Menschen einzutreten.

Wir alle sind noch mit unserem Denken identifiziert. Und so lange erleben wir Schmerz. Solange unser Kopf unbeobachtet regiert und die Dinge bewertet, tragen wir in uns einen Mix aus Aggression, Güte, Gefühllosigkeit, Großzügigkeit, Kleinlichkeit, Versöhnlichkeit und Offenheit. Sie besitzen keine starre Identität, die um jeden Preis perfektioniert werden soll. Sie können in jedem Moment aufs Neue entscheiden, ob Sie in sich Aggression oder Güte aktivieren, ob Sie großzügig oder kleinlich sein wollen. Ihr Leben ist, wie es ist. Und Sie können entscheiden, wie Sie ihm gegenübertreten. Zufriedenheit und Erfüllung hängen allein vom Grad Ihrer Bewusstheit ab.

Je bewusster Sie sind, desto wacher können Sie reagieren und sich dem Leben anvertrauen. Alles Lebendige ist ständig in Bewegung, es fließt und ist wechselhaft wie das Wetter. Mal fühlen Sie sich wohl in Ihrer Haut, mal nicht. Mal sind die Umstände gut zu Ihnen, mal nicht. Mal nimmt Ihnen jemand die Vorfahrt; mal bekommt Ihr Kind gerade dann Fieber, wenn Sie eine tolle Einladung haben; mal haben Sie vergessen, alles abzuspeichern, als Ihr Computer plötzlich den Geist aufgibt. Niemand von uns kann bestimmen, ob er von einem Unglück getroffen wird. Ob sein Kind stirbt oder seine Firma Konkurs anmeldet. Aber Sie haben die Wahl, wie Sie auf die Umstände reagieren. Ob Sie lernen, sich Ihrem Leben anzuvertrauen und langsam seine Bewegungen surfen zu lernen wie eine Welle. Sie können den ständigen inneren und äußeren Wandel als das wahre Fundament in Ihrem Leben anerkennen. Können akzeptieren, dass kein Mensch eine statische Identität hat. Dass wir energetische Wesen sind und uns an nichts Materiellem festhalten können.

Der Motor hinter fast all unseren Wünschen und die tiefste Quelle für unser Unbehagen ist unsere unerfüllbare Sehnsucht nach bleibender Verbundenheit und Sicherheit. Wir alle möchten gerne bestimmen und uns an etwas festhalten können. Deshalb hätten wir gerne einen idealen Partner, finanzielle Sicherheit oder die perfekte Figur. Kein Mensch lehrt und ermutigt uns, mit dem Fluss in unserem Inneren und im Außen zu gehen und all die Stimmungen und Veränderungen in ihrer Fülle zu erleben.

Überall wird uns suggeriert, dass es etwas Perfektes gibt, wenn wir nur dieses oder jenes machen oder kaufen. Und so klammern wir uns an unsere Gewohnheiten und tun alles dafür, unseren Schmerz zu vermeiden und überall nach Macht, Sicherheit und Stimulation Ausschau zu halten. Und hoffen, eines Tages endlich Ruhe zu haben.

Doch diese Ruhe finden Sie nur, wenn Sie in diesem Moment landen und sich für das öffnen, was jetzt ist – ob Freude oder Schmerz. Und wenn Sie das Gleiche mit jedem nächsten Augenblick tun. Vielleicht regnet es oder Ihr Rücken schmerzt. Öffnen Sie sich für die Regentropfen und folgen Sie ihnen mit den Augen und Ohren und Ihrer ganzen Achtsamkeit. Lenken Sie Ihren Atem ins Zentrum Ihrer Rückenschmerzen und geben Sie sich für einige Augenblicke dem Pulsieren der Energie dort hin. Sofort wird alles präsenter und lebendiger. Sie spüren: Ah, hier ist das Leben. Vielleicht ist ein Moment unangenehm, vielleicht peinlich, vielleicht sonnig. Aber wenn Sie ihn wirklich wahrnehmen und nicht über ihn nachdenken, wird es still und friedlich in Ihnen werden. Ankommen und Annehmen sind die beiden großen Schritte im ida-Prozess.

Der Wandel besteht darin, dass Sie annehmender, mitfühlender und freier zugleich werden, je präsenter Sie *mit* den Dingen sein können. Sie können Ihren Weg gehen, ohne sich ständig innerlich oder äußerlich sabotiert zu fühlen. Können in Situationen die Ruhe bewahren, in denen Sie früher außer sich gerieten. Die alte Angst kommt, aber sie kann Sie nicht mehr in Panik versetzen.

Ein Mensch tut etwas, was Sie bisher nicht ertragen konnten. Jetzt können Sie ihn lassen und Ihrem Weg folgen. Damit eröffnen sich ganz neue Räume der Entfaltung in Ihrem Leben. Wenn Sie genau hinschauen, werden Sie entdecken, dass viel Leid im Alltag nur dadurch entsteht, dass wir an Gewohnheiten, Dingen, Vorstellungen, Erinnerungen und Menschen festzuhalten versuchen. Wir sind immer noch unermüdlich damit beschäftigt, unsere vergangenen Defizite mit Machtstreben, Süchten und emotionalem und materiellem Konsum zu kompensieren. Und wir wollen unser Leben und unsere Partner gemäß unserer Angst und unserem zwanghaften Verlangen nach Sicherheit »ausrichten«.

All diese Kontrollversuche geben uns in Wahrheit keine Sicherheit, sie lassen alles erstarren. Wir leiden und fühlen uns enttäuscht, weil das Leben, die Menschen und unser Kontostand sich anders entwickeln, als wir uns das vorstellen. Das Festhalten ist weit verbreitet unter uns Menschen, dabei ist es völlig gegen die Natur des Lebens.

Das Leben lässt sich nicht aufhalten. Wir sollten seine Unbeständigkeit anerkennen und uns ihm nicht festhaltend in den Weg stellen. Das heißt nicht, dass Sie von nun an jeder Laune nachgehen und alle unbewussten Sehnsüchte, Ängste, Wunden, Stärken, Verletzungen, Gaben und Wünsche ausagieren sollten. Lassen Sie die sich wandelnden Zustände und Kräfte innerlich zu, ohne dass sie Sie mitreißen könnten.

Dieser Reifungsprozess funktioniert nicht mit Macht, Druck, dem Intellekt oder positivem Denken, sondern nur über Präsenz, Geduld, authentische Offenheit und mitfühlende Liebe uns selbst gegenüber. Mit offenem Herzen erlangen wir wieder Bewusstsein uns selbst gegenüber. Diese Fähigkeit kann völlig unabhängig von der äußeren Macht oder Position in einem Menschen wachsen – oder auch verkümmern.

Ich schreibe dieses Buch in einer Zeit, da in den Medien viel über das Fremdgehen mächtiger Männer berichtet wird. Männer, die schöne und erfolgreiche Frauen haben und denen es finanziell sehr gut geht. Männer, die die Welt regieren. Die neben ihren Ehen jahrelang Verhältnisse mit untergebenen Frauen haben oder sie spontan zum Sex nötigen. Diese Männer sind sich dabei weder ihrer selbst bewusst noch handeln sie selbstbestimmt. Sie sind einfach nur von einem großen unbewussten Bedürfnis nach Anerkennung und Nähe getrieben.

Die Macht, um die es bei ida geht, hat mit alldem nichts zu tun. Sie speist sich aus einer inneren Verbundenheit und Wachheit. Sie drückt sich darin aus, dass Sie Ihren unbewussten inneren Regungen nicht mehr sklavisch folgen müssen. Sie sorgt dafür, dass Sie nicht mehr wie hypnotisiert von Ihren Konditionierungen und angesammelten Spannungen umgetrieben werden. Sie hilft Ihnen, gelassener und gefestigter zu werden und Ihr Herz gleichermaßen für die Höhen wie für die Tiefen Ihres Lebens zu öffnen und langsam gütige Herrschaft über Ihr großes inneres Reich zu gewinnen.

Sie sehen schon, Sie können diesen Prozess nicht als der gleiche Mensch beenden, als der Sie ihn begonnen haben. Ich praktiziere ihn nun schon so viele Jahre, und es verblüfft mich trotzdem immer wieder aufs Neue, was er alles zu Tage fördert. Sie tauchen nach innen und bringen von den Tauchgängen immer wieder etwas Neues mit an die Oberfläche. Dabei werden Sie sich im wahrsten Sinne des Wortes Ihrer selbst bewusst und erkennen, dass es dabei kein Ende gibt. Dass alles immer in Bewegung ist und Sie Ihr Leben nicht auf einen erfüllenden, gesünderen Kurs bringen, indem Sie es bezwingen wollen. Erst indem Sie lernen, Ihre Reaktionen auf die Dinge zu bestimmen, werden Sie Herr über sich selbst statt über das Leben.

Aber ich kann Ihnen aus eigener Erfahrung versichern – das ist kein mühevoller, selbstquälerischer Weg, sondern das wahre Abenteuer: zu entdecken, was und dass alles immer in Ihnen war und dass es sich allein dadurch entfaltet, dass Sie ruhig werden und sich beweglich und wach mit Ihrer Achtsamkeit von Augenblick zu Augenblick bewegen. Zu entdecken, dass alle Fülle, nach der Sie die ganze Zeit gesucht haben, in diesem Moment liegt. Dass voll und ganz im Moment zu leben in Wahrheit das Einzige ist, was wirklich Sinn macht.

IDA

So. Genug Theorie darüber, wie man angesammelten Mist aufräumt und verdrängte Schmerzen verbrennt. Es wird Zeit für ein neues Leben. Zeit für Heilung, Stille, Freude, Inspiration und neue Kraft. Zeit, sich zu nähren und zu klären. Zeit für ida: Sie ist wie eine geheime Insel im Alltag. Wie ein Rendezvous mit uns selbst. Eine sanfte Berührung unserer Seele.

Niemand aus meiner Familie möchte ida missen. Sie bedeutet für uns, dass wir alle wichtigen Dinge erst innerlich in idas feinstofflicher Welt klären und entwickeln. Gleichzeitig tanken wir bei ihr auf, schöpfen neue Kraft. Wir begeben uns täglich nach innen in die Stille und machen geführte Übungen. Darin pflegen wir regelmäßig einen tiefen Kontakt mit uns selbst und klären in einem inneren Dialog unsere nächsten Schritte. Oder wir suchen nach einem Umgang mit unseren Blockaden im Alltagsleben. Das alles tun wir mit unseren MP3-Playern, auf dem jeder von uns eine Reihe geführter Übungen und Meditationen gesammelt hat.

Entwickeln Sie für sich Ihr eigenes Vorgehen mit den Übungen. Der Umgang mit ida erschließt sich Ihnen schnell, wenn Sie mit den CDs innerlich auf Reisen gehen und regelmäßig die Hörübungen praktizieren. Ich habe Ihnen ein Übungsprogramm zusammengestellt, dem einfach zu folgen ist und das im Kern das Wichtigste dessen beinhaltet, was auch ich regelmäßig praktiziere.

Ich beginne den Tag mit Sport und einer Zeit der Stille. Zur Stille gehört, dass ich in meinem Körper ankomme und mich in ihm verwurzele. In einem zweiten Schritt setze ich in diese Stille hinein Absichten. Ich stelle mir innerlich die Frage: Worum geht es für mich heute? Dann spüre ich dem Moment nach, bis mir klar ist, worum sich der Tag für mich drehen wird. Nun gebe ich dieses Thema in einen ida-Prozess und bearbeite es dort. Dazu höre ich per Kopfhörer die entsprechenden angeleiteten Übungen aus dem CD-Programm, schließe die Augen, werde still und beschäftige mich innerlich mit der Energie dieses Themas.

Mmmhm ...? Mit der Energie eines Themas beschäftigen ...? Ja, jedes Thema hat seine eigene Energie. Sie sind genauso ein energetisches Wesen wie die anderen Menschen, aber auch die Tiere. Von nicht fassbaren wie den Gedanken bis hin zu physisch greifbaren wie einem Stein: Alles hat sein eigenes energetisches Muster. Alles sendet seine eigenen Frequenzen aus und trägt Informationen in sich.

Information, Energie und Frequenz einer Sache oder eines

Wesens sind entscheidend für dessen Qualität, und nicht dessen äußere Form. Denken Sie an genmanipulierten Samen. Er sieht äußerlich genauso aus wie jeder andere Samen. Aber er trägt andere Informationen in sich und bringt dem Bauern am Ende auch andere Ergebnisse.

Wenn wir freundlich lächeln, heißt das noch lange nicht, dass wir unser Herz weit geöffnet haben und gerade innerlich erfüllt und voller Liebe sind. Wie freundlich wir auch lächeln, wenn wir unterschwellig Groll, Unsicherheit, Bitterkeit oder Angst in uns tragen, strahlen diese Gefühle ihre Informationen aus, ob wir das wollen oder nicht. Alles auf dieser Welt hat neben seiner materiellen Form, die für unsere Sinne wahrnehmbar ist, eine für das Auge meist unsichtbare, feinstoffliche Seite. Alles, was Form ist, ist eben auch Energie.

Ich möchte Ihnen an dieser Stelle ein verrücktes Erlebnis erzählen, das ich kürzlich hatte. Mein Mann und ich saßen vor einiger Zeit entspannt beim Abendessen. Vor uns dampften die Nudeln auf unseren Tellern, wir tranken ein Glas Wein und unterhielten uns. Irgendwann begann ich innerlich abzuschweifen und war auf einmal in Gedanken in Südafrika, wo ich vor vielen Jahren gelebt hatte. Ich erinnerte mich an ein besonderes Erlebnis, an das ich seit Jahren nicht mehr gedacht hatte: einen morgendlichen Ausritt an herrlichen Weinfeldern entlang. Ich dachte: Wie verrückt! Warum kommt mir auf einmal Südafrika in den Sinn? Daran habe ich doch schon so lange nicht mehr gedacht.

Ich nahm noch einen Schluck Wein und wollte mich wieder meinem Mann zuwenden. Aber die inneren Bilder waren so plastisch, als ob es gestern gewesen wäre. Ich sah die Felder und erinnerte mich an einen wunderbaren Abend bei einem Weinfarmer. Wie er mit mir über die Felder spaziert war und mir mit glänzenden Augen die Qualität des Bodens, seiner Rebsorten und kleine Anbaugeheimnisse verraten hatte.

Bis mich die Worte meines Mannes wieder an den Tisch zurückholten. »Na toll«, tat er gespielt beleidigt, »statt auch mal was zu meiner Überraschung zu sagen, träumst du vor dich hin.« Ich wollte wissen, von welcher Überraschung er spreche. »Von dem Wein«, antwortete er. »Ich habe noch eine Flasche von einem deiner südafrikanischen Weinbauern im Keller gefunden und dachte, ich mache dir eine Freude damit.«

Das war ihm geglückt. Als ich ihm erzählte, wie sehr die Freude in meinem System angekommen war, konnte auch er es kaum glauben. Ich wusste zwar nicht bewusst, was ich trank. Aber trotzdem war alle Information aus dem Wein bei mir angekommen. Einmal mehr durfte ich live erleben, wie stark die Informationen auf unsichtbarer Ebene unseres Lebens tatsächlich wirken.

Mit meinen Sinnen konnte ich Wein in meinem Glas sehen und ihn auf meiner Zunge schmecken. Aber in meinem System kam auch seine unsichtbare Information jenseits von Zeit, Raum und Sehen oder Schmecken an. Dieser Wein war aus Trauben gemacht. Diese waren auf dem besonderen Boden eines bestimmten Weinbauern unter der Sonne Südafrikas angebaut und verarbeitet worden. All diese Informationen fanden sich in meinem Glas Wein wieder. Sie breiteten sich mit jedem Schluck in meinem System aus. Mein Gehirn hat die Informationen wieder zusammengefasst und sie mich in Form von inneren Bildern und Gedanken erfahren lassen.

Mit ida arbeiten wir auf dieser unsichtbaren Ebene der Informationen. Ich nenne dies das »Anheben«. Wir lassen los von der äußeren Ebene der Form, auf der wir es gewöhnt sind, Materie über unsere Sinne wahrzunehmen und durch aktive Handlungen für Veränderung zu sorgen. Beim Anheben öffnen wir uns stattdessen für die innere Ebene der Energie und der feinstofflichen Information jenseits unserer Sinneswahrnehmungen und jenseits aktiven Handelns.

Die Quantenphysik hat unser Weltbild in den letzten Jahrzehnten maßgeblich verändert, indem sie die Zusammenhänge, die ich hier eher aus meiner praktischen Erfahrung beschreibe, umfangreich erforscht hat. Sie hat gezeigt, dass wir nicht in einem physischen, sondern einem energetischen Universum leben.

Unsere Sinne vermitteln uns sehr überzeugend, dass wir in einem feststofflichen Körper leben. Und dass dieser Körper sich in einer Welt von soliden Objekten bewegt. Da gibt es Stühle, auf die man sich setzen kann. Und Wände, die ganze Stockwerke von Häusern tragen und an die man sich anlehnen kann. Schauen Sie einmal an sich herunter. Sie sehen Ihren Körper. Schnüffeln Sie einmal an Ihrer Hand. Sie können sie riechen. Berühren Sie Ihre Hand. Sie können sie fühlen.

Und deshalb schlussfolgern die meisten von uns, dass Sie dieser feste Körper sind. Sind Sie aber nicht, zumindest nicht nur …

Das neunte ida-Geheimnis
Sie sind reines Bewusstsein

• • • • • • • • •

Sie sind mehr: Sie sind Bewusstsein, das eine Form angenommen hat. Auf einer bestimmten Ebene sind Sie aber auch reines Bewusstsein, das noch ohne Form ist. Die Physik zeigt klar, dass alle Stoffe aus Molekülen, Atomen und subatomaren Teilchen bestehen – und letztlich sogar nur aus Schwingungen, die in Beziehung zueinander stehen und Informationen austauschen. Die Quantenphysiker haben mit ihren Forschungen sozusagen die Welt der Getrenntheit aufgehoben, indem sie feststellten, dass alles im Kosmos »quantenverschränkt« ist, das heißt, in einem permanenten Informationsaustausch miteinander verbunden ist.

• • • • • • • • •

Auf dieser energetischen Ebene gibt es keine Grenzen. Wir strahlen nicht nur den angesammelten Informationsstress unseres Schmerzkörpers aus. Wir haben auch Zugang zu dem gesamten Energiefeld um uns herum. Wir strahlen selbst energetische Information aus. Und wir können das unerschöpfliche Potenzial dieses kosmischen Energiefeldes bewusst für uns nutzen.

Wir sind eingewoben in ein unbegrenztes Informationsfeld, dessen wir uns gezielt bedienen können. Sie können entscheiden, mit welchen Informationen Sie Ihr Bewusstsein verbinden und mit welchen Frequenzen Sie in Resonanz gehen wollen. Wenn Sie sich für diese Realitätsebene öffnen und sich die tiefere energetische Beschaffenheit unserer Welt erschließen, wenn Sie diese Welt verstehen lernen und Ihr Wissen gezielt einsetzen, steht Ihnen für Ihr Leben ein unbegrenztes Potenzial zur Verfügung.

Beim Anheben geht es darum, wie Sie Informationen gezielt aussenden und empfangen. Nicht nur Sie sind ein Handy auf zwei Beinen. Alles in diesem Universum ist Energie und sendet Informationen aus. Alles ist über die informationsgeladenen Schwingungen miteinander verbunden.

Ihr Bewusstsein kann dieses allumfassende Energiepotenzial beeinflussen. Sie können Energie »gestalten«, denn die universelle Energie ist noch »leer« und formlos. Erst wenn wir uns ihrer bewusst werden, erhält sie eine Form. Praktisch sieht dies so aus: Sie denken freudig und erwartungsvoll an Ihren nächsten Urlaub und stellen sich einen bestimmten Ferienort vor. Sie malen sich aus, wie es Ihnen dort gehen wird und was Sie erleben möchten. Diese Gedanken und Ihr dazugehöriges Gefühl haben eine bestimmte Schwingung, und diese versieht die reine Energie mit Ihrem Bewusstsein. Mit diesen ersten Gedanken beginnen Sie, die reine Energie zu formen. Sie geben dem reinen Energiepotenzial eine Information und verbinden sich mit ihm.

Ist Ihr innerer Wunsch einmal klar formuliert, müssen Sie dieser Energie auch in der Welt der Form Ausdruck geben. Sie beschäftigen sich näher mit Ihrem Reiseziel, gehen vielleicht in ein Reisebüro, planen den Urlaubstermin und beginnen möglicherweise, Geld zu sparen. Und eines Tages liegen Sie am Strand oder wandern durch die Berge und sind physisch auch genau dort, wo Sie zuerst nur in Gedanken waren. Damit haben Sie neues Bewusstsein in die materielle Welt gebracht.

Wie wir auf der physischen Ebene das Gesetz der Schwerkraft erleben, so folgt unsere feinstoffliche Energie dem Gesetz der Resonanz. Wenn es um das Anheben geht, heißt das nicht nur passiv: Gleiches zieht Gleiches an. Hier geht es auch um unsere Ausstrahlung und die Tatsache, dass wir in jedem Moment Frequenzen aussenden, die bei anderen ankommen.

Sie senden unentwegt Energiewellen aus in ein Universum, das selbst Energie ist. Die Energien ziehen sich aufgrund des Resonanzgesetzes an oder stoßen sich ab. Und so finden die Dinge, die in Ihrem Leben geschehen, nicht zufällig statt. Sie haben sie über Ihre Ausstrahlung entweder angezogen oder abgestoßen. Das hat nichts mit Glück oder Pech zu tun, sondern mit den Gesetzen der Quantenphysik.

Für Ihr Leben ist also entscheidend, wie es um Ihr Energiefeld steht: Kann die Energie überhaupt fließen? Dies erlauben Sie ihr nur, wenn Sie Energieblockaden wie Spannung und angestauten emotionalen Schmerz in Ihrem System lösen und Ihr Energiekörper damit »durchlässiger« wird.

Es geht darum, Ihr Bewusstsein anzuheben und es über gezielte Absichten auszurichten. Das ist kein aktiver Prozess. Sie müssen sich vielmehr erlauben zu empfangen. Und Sie sollten klar aussenden, was Sie empfangen möchten. Werden Sie still und geben Sie eine präzise Absicht in den Raum des reinen Bewusstseins. Das ist der neue Weg, sich von innen auf ein Ziel auszurichten oder ein neues Wertesystem einzurichten.

Wenn Sie Absichten setzen, sollten Sie nicht durch heftiges Wünschen ein Ergebnis erzwingen wollen. Damit würden Sie in Ihrem Inneren nur erneut ein Spannungsfeld erzeugen, das Ihr Energiefeld verengt. Dieses würde Sie von der Ebene des reinen Potenzials trennen, auf der sich Ihre Absicht mit neuem Bewusstsein verbinden und entfalten kann.

Wenn Sie mit zu viel Druck und Wollen dabei sind, spielen unterschwellige Zweifel und Unsicherheit eine Rolle. Dann senden Sie mit jedem bewussten Wunsch auch unbewusste Unsicherheit und Zweifel aus. Tatsächlich ist jedes Bemühen kontraproduktiv. Der beste Zustand, um eine Absicht zu setzen, ist Entspannung.

In den Anhebe-Übungen auf der CD geht es im ersten Schritt darum, Sie in die Entspannung zu führen und dabei zu unterstützen, still zu werden. Sie lassen einen offenen Raum entstehen, in den Sie ida einladen können. Die Anhebe-Übungen zeigen Ihnen, wie Sie sich mit Ihrem bewussten, aber begrenzten Selbst etwas aus dem Geschehen zurückziehen und dann Ihre Absicht in den größeren Raum von ida setzen. Nur in der Entspannung können Sie über Ihr begrenztes bewusstes Selbst hinausgehen und sich für eine potentere Ebene Ihrer selbst öffnen.

Absichten besitzen eine große Macht, sofern sie in Bewusstheit und ruhevoller Achtsamkeit gesetzt werden. Sie sind wie ein Samen, den Sie in die Erde geben. Dort reift er heran und wird zu einer Pflanze, die irgendwann Früchte trägt. Es gibt keine Erfindung, keine Weiterentwicklung ohne den Samen der Absicht. Nichts, was wir tun, entsteht ohne Absicht. Zu oft ist uns das nur nicht bewusst. Aber wenn wir unser Leben achtsamer leben, das Saatgut aussuchen und es zur richtigen Zeit unter den richtigen Bedingungen in den Boden bringen, beginnt unser Leben zu blühen. Mit den ida-Übungen lässt sich lernen, mit dem, was wir denken und tun, Absichten wieder bewusst zu setzen.

Beim Ankommen habe ich Ihnen nahegelegt, präsent zu

sein, also zum Beispiel zu essen, wenn Sie essen. Hier geht es nun um den nächsten Schritt in die Präsenz, darum, dass Sie essen, wenn Sie essen, und dies in dem Bewusstsein zu tun, sich zu nähren, Körper und Gesundheit zu stärken oder dem Gaumen Genuss zu bereiten. Sie verbinden Ihren Geist mit Ihren Handlungen. Sie lernen, Ihr Handeln und Sein einer bewussten Absicht zu widmen. Der buddhistische Lehrer Thich Nhat Hanh zeigt in seinen Gehmeditationen, wie man seine Schritte mit der Absicht verbindet, Frieden in die Erde zu bringen. Wenn Sie sich nur einiger Ihrer Schritte am Tag bewusst werden und sie mit solch einer Absicht verbinden, werden selbst sie zu einer heilsamen und kraftvollen Erfahrung.

mini ida

Meine absichtsvollen fünf Minuten

Planen Sie einmal am Tag Ihre absichtsvollen fünf Minuten ein. Duschen Sie zum Beispiel jeden Morgen ganz bewusst in einer Absicht. Spüren Sie das Wasser auf Ihrer Haut und stellen Sie sich vor, wie es alles von Ihnen abwäscht, was Sie belastet. Oder wie es Ihnen Lebendigkeit und Frische für den Tag bringt. Oder Sie lassen das Telefon mindestens einmal am Tag einen tiefen Atemzug lang klingeln, bevor Sie den Anruf annehmen. Verbinden Sie diesen Atemzug mit einer Absicht für ihr Telefonat: Ich bleibe in diesem Gespräch ganz bei mir. Oder: Während ich spreche, bin ich mir weiterhin meines Körpers bewusst. Oder: In diesem Telefonat schenke ich dem anderen Mitgefühl und Achtsamkeit. Oder Sie tanzen zu einem Lied und entscheiden vorher, dass Ihnen dies Freude und Sinnlichkeit bringen wird. Was auch immer Ihre Absichten sind, sich mit ihnen zu verbinden bringt mehr Qualität in Ihr Leben.

Mit dieser Übung unterstützen Sie Stück für Stück den Wandel in Ihrem Leben, denn Sie bestimmen, was in ihm stattfinden soll und wozu Ihre Handlungen dienen. Sie werden erleben, dass es oft entscheidender ist, in welchem Geist und zu welchem Zweck Sie etwas tun, als dass Sie es einfach nur absichtslos und aus Gewohnheit machen. Mit den geführten Anhebe-Übungen können Sie erleben, dass Sie auch größere Entwicklungen und bewusste Veränderungen durch das gezielte Setzen von Absichten in Ihrem Inneren initiieren und manifestieren können.

Je müheloser, desto besser

Das A und O beim Anheben sind Mühelosigkeit und Offenheit. Beim Anheben gibt es nichts zu tun – und genau das ist für die meisten von uns so schwer auszuhalten. Schließlich steht es fast all unseren elementaren Prägungen entgegen, die da sagen: Wenn du etwas werden willst, musst du etwas leisten … Wenn es dir gut gehen soll, musst du dich anstrengen …

Aber genau so funktioniert das Anheben eben nicht. Jede Form von Anstrengung sorgt für Spannung im System. Und Spannung wirkt auf feinstofflicher Ebene immer wie ein Störfeld, durch das nichts hinein- oder herausfließen kann. Loslassen sorgt dagegen genau für die Öffnung, mit der die Dinge wieder in Harmonie kommen und in ihre Ordnung fallen können. Deshalb ist – so verrückt es auch klingen mag – die erste Voraussetzung, um erfolgreich Absichten zu setzen, die Absichtslosigkeit.

Erst durch stille Absichtslosigkeit können Sie einen offenen, leeren Raum schaffen, in den Sie dann bewusst eine Absicht setzen können. Wenn es Ihre Absicht ist, einen Schmerz, ein Problem oder eine Beziehung zu heilen, besteht Ihre erste Übung darin, still zu werden und innerlich bei ebendem Schmerz, dem Problem oder der Beziehung anzukommen. Dabei bewerten Sie nicht, machen keine Geschichte daraus und fragen nicht nach dem Warum. Sie beobachten nur, was ist.

Das sorgt für gesunden Abstand und stellt einen offenen Raum um Ihren Schmerz oder Ihr Problem her. Sie erleben: Dort ist mein Problem. Und hier bin ich, der sich diesem Problem zuwenden kann. Sie sind nicht mehr in einer Position der Ohnmacht und des Mangels, sondern in einer der wachsenden Bewusstheit und Offenheit.

Das Schwierigste beim Anheben ist, den Knoten im Kopf zu lösen und zu verstehen, dass jeglicher Mangel in Ihrem Leben nichts damit zu tun hat, dass Ihnen im Außen irgendetwas fehlen oder nicht gegeben würde. Sondern dass Sie in Ihrem Inneren nicht offen sind für die Fülle. Sie erleben Mangel, weil Sie an ihn glauben und ausstrahlen. Weil Sie glauben, dass Ihnen etwas nicht zusteht oder verweigert wurde.

Dieses Mangelbewusstsein äußert sich bei den meisten von uns oft schon auf der elementarsten Ebene: Wir fühlen uns von allem anderen getrennt und in unserem physischen Körper fest eingeschlossen. Damit fehlt uns das Bewusstsein für unsere allumfassende Verbundenheit. Wir halten uns für voneinander getrennte Wesen und glauben deshalb, für Verbundenheit und Fülle hart kämpfen zu müssen. Aber genau damit und mit unserem Machen und Kämpfen blockieren wir unser gesamtes Energiefeld und auch jeden Zufluss.

Wenn Sie Mangel erleben, nützt es nichts, härter zu arbeiten oder Lotto zu spielen. Es hilft auch kein heftiges Wünschen, Visualisieren oder Affirmieren. Denn mit allem, was Sie in diesem Zustand tun oder wollen, senden Sie weiter die

Information des Mangels aus. Es hilft nichts, gegen den Mangel oder einen herausfordernden Menschen, gegen Schmerzen oder eine schwierige Situation anzukämpfen. Es geht darum, vom Mangel innerlich loszulassen. Dazu müssen Sie sich vor dem Anheben erst wieder im Annehmen üben: Ihren blockierten inneren Energiezustand erspüren und sich für ihn öffnen.

Wenn Sie innerlich im Spannungsfeld von Wollen, Kampf oder Groll, in der Kontrolle oder in der Angst verharren, fallen Ihre neuen Absichten auf unfruchtbaren Boden. Ihre Absichten können nur wachsen, blühen und Früchte tragen, wenn sie in einen offenen, mit Liebe gefüllten Raum eingeladen werden, in dem sie sich entfalten können. Deshalb ist es so wichtig, dass Sie Ihre Absichten statt mit Wollen und Wünschen mit Ihrer Liebe verbinden. Tatsächlich liegt die wahre Kraft aller Wandlung darin, dass Sie von ganzem Herzen lieben, was Sie sich wünschen.

Sie erinnern sich: Ihr Herz ist der stärkste Schwingungsgenerator im Universum. Malen Sie sich aus, was geschieht, wenn Sie eine neue Absicht mit einem Gefühl der Liebe aus Ihrem Herzen verbinden. Was passiert, wenn Sie Ihr Herz für Ihre Absicht schwingen lassen. Stellen Sie sich vor, wie Sie auf »Senden« drücken und Ihre mit Liebe erfüllte, schwingende Absicht wie eine E-Mail ins World Wide Web in den Raum des reinen Potenzials schicken. Wie Sie sich dann ruhig und freudig entspannt zurücklehnen und wissen, dass in diesem

Moment die Dinge in ihre Ordnung kommen. Wie ida für alles sorgt.

Mit dieser Haltung treten automatisch völlig andere Gesetze in Kraft, als wenn Sie mit Ihrem begrenzten Selbst angestrengt für etwas kämpfen. Die Wissenschaft beschreibt diesen Moment des absichtsvollen Loslassens als ein Wirken der Quantenkohärenz, durch die alle Teile eines Systems zeitlos und non-lokal in einen koordinierten Zustand fallen.

Ein Bild kann dies verdeutlichen: Ihre Absicht ist der Dirigent eines gigantischen Orchesters. Der Dirigent gibt mit seinem Taktstock einen Impuls. Und schlagartig beginnt das ganze Orchester harmonisch im Takt zu spielen. So ist es, wenn Sie lernen, eine vor Liebe schwingende Absicht in den Raum des reinen Potenzials zu geben. Alles beginnt auf einmal im Takt mitzuschwingen. Wenn Sie eine mit Liebe erfüllte Absicht setzen, erzeugt diese einen Impuls, der ein komplexes neues Informationsfeld genauso wellenartig in Harmonie versetzen kann, wie ein Dirigent ein Orchester im Gleichtakt zum Erklingen bringt.

Quantenkohärenz wirkt aber nicht nur im Kontext Ihrer bewussten Absichten, sondern auch innerhalb Ihres Organismus. Weit jenseits der Steuerungsmöglichkeiten unseres Gehirns werden unzählige Bewegungsabläufe, Heil- und Abwehrprozesse für Billionen von Zellen in unserem Körper koordiniert und reguliert. Aber eben nicht, indem eine Information von einer Zelle an die nächste weitergegeben wird, sondern indem alle Zellen in einem harmonisch klingenden Orchester schwingen.

Gesundheit und Verbundenheit sind Ausdruck von Harmonie im Energiefeld. Schmerz, Mangel und Krankheit zeugen von Energiefeldern, die aus ihrer Harmonie gefallen sind. Ob es sich um ein gebrochenes Bein oder um ein gebrochenes Herz handelt: Das Energie- und Informationsfeld ist gestört und braucht Harmonisierung durch ein neues, gesundes Bewusstsein.

Heilung findet statt, wenn Sie Ihrem Energiefeld harmonische Schwingungen zuführen und damit disharmonische neutralisieren. Genau das geschieht beim Anheben. Ganz ohne Ihr Zutun kann eine Welle neuen, reinen Bewusstseins in Ihre Absicht einfließen. Während Sie Ihre Absicht von Ihrem begrenzten Willen und angestrengten Wollen lösen und an ida übergeben, gestalten sich alle Ihre Informationsfelder in einem Moment neu und können im größeren Feld wieder zurück in ihre Harmonie finden.

Damit ist das Anheben nichts für Ihr Ego. Denn nicht *Sie* heilen irgendetwas, und auch kein übermenschlicher Guru tut dies. Im ida-Prozess gibt es keine geheimnisvolle oder geniale Methode. Hier geht es um Bewusstwerdung, und Heilung ist deren Nebenwirkung. Je mehr Sie sich Ihres wahren Seins bewusst werden, desto stärker strömt die unendliche Ordnung dieses neuen Bewusstseins in Ihr Leben und harmonisiert es.

Nicht Sie heilen, das Bewusstsein – ida – tut es

Fühlen Sie jetzt, was Sie sich für die Zukunft wünschen. Erleben Sie innerlich voller Dankbarkeit, wie sich Ihr Wunsch bereits erfüllt hat. Stellen Sie sich vor, wie sich sämtliche Hindernisse in Wohlbefinden auflösen. Es geht einzig darum, dass Sie sich mit dem intakten, heilen Zustand jenseits des Problems verbinden, das Sie beheben möchten. Sie verbinden sich mit dem Feld des reinen Bewusstseins und richten das Ihre auf Wohlbefinden und den geheilten Zustand aus. Und zwar in diesem Moment. Sie stellen sich das Wohlbefinden als bereits existent vor – was es ja im Feld tatsächlich ist: Im Feld des reinen Bewusstseins gibt es keine Vergangenheit und keine Zukunft. Alles ist zeitgleich da.

Sie bitten sozusagen die Gegenwart, sich zu manifestieren. Sie laden ida ein, sich in Ihrem Bewusstsein und Ihrer Realität in Form einer Lösung oder eines heilen Zustandes zu zeigen. Ihre Absicht weist dem reinen Bewusstsein die Richtung. Sie teilt dem formlosen Potenzial mit, welche Form es nach Ihrem Wunsch annehmen soll. Es ist ungefähr so, als ob Sie eine Bestellung in Ihrem Lieblingsrestaurant aufgeben. Der Kellner verschwindet dann mit Ihrer Bestellung in der Küche. Dort geschieht ein Prozess, den Sie nicht beeinflussen. Da es sich aber um Ihr Lieblingsrestaurant handelt, gehen Sie vom Besten aus. Und irgendwann kommt dann ein Teller auf den

Tisch, auf dem sich nun das wiederfindet, was vorher nur in Ihrem Wunsch existiert hat.

Ihr Herz ist dabei weit offen, und Ihre Liebe schwingt in Ihrer Absicht mit. Dann stellen Sie sich präzise, präsent und positiv vor, was Sie beabsichtigen.

- Präzise bedeutet: Sie legen genau fest, was Sie erleben wollen: zum Beispiel Wohlbefinden und Entspannung im oberen Rücken, Harmonie in Ihrer Beziehung oder eine gute Kommunikation mit Ihrem Partner.

- Positiv heißt: Sie betrachten den Zustand bereits als gelöst und den Schmerz als geheilt. Sie öffnen sich für das, was bereits als reines Potenzial da ist. So kann es sich im universellen Energiefeld zeigen.

- Präsent meint: Sie gehen davon aus, dass schon eine Lösung existiert und in diesem Moment bereits alles vorhanden ist. Sie lassen die bestehende Fülle *jetzt* in Ihr Leben fließen. Sie konzentrieren sich in Ihrer Absicht *jetzt* auf das gelöste, harmonische Endergebnis.

Wandlung kann beim Anheben nur geschehen, wenn Sie sich locker machen. Dies tun Sie zunächst auf der Ebene Ihres Verstandes und Ihrer Imagination. Entspannen Sie sich und erlauben Sie sich eine neue Vorstellung, auch wenn Sie deren Wahrheit noch nicht bewusst erlebt haben.

Stellen Sie sich vor, wie Sie in Gedanken, in Ihren Zellen, im Körper und im Herzen hohe, geradezu leuchtende Frequenzen ausstrahlen. Erinnern Sie sich an die vielleicht etwas kitschigen Jesusbilder aus Ihrer Kindheit? Darauf schwebt über Christus ein strahlender Heiligenschein, und auf seiner Brust strahlt wie eine Sonne weit über seinen Körper hinaus sein Herz. Diese alten religiösen Darstellungen zeigten die Energiefelder genau, und das ist kein Zufall. Früher hatten die Menschen noch Zugang zur feinstofflichen Dimension, die sie dann in Bildern ausdrückten.

mini ida

Lichtkörper

Schließen Sie die Augen. Verbinden Sie sich mit Ihrem Atem und folgen Sie seinem Rhythmus im Körper. Entspannen Sie sich in Ihren Körper hinein und finden Sie den tiefsten Punkt in der Brust, im Bauch oder im Becken, an dem Sie das Kommen und Gehen Ihres Atems beobachten können. Wandern Sie mit Ihrer Aufmerksamkeit zu Ihrer linken Hand und spüren Sie in Ihre Fingerspitzen hinein. Können Sie das Kribbeln, das feine Energiegefühl, das zarte Pulsieren in den Fingern und auch in Ihren Handtellern wahrnehmen? Breiten Sie sich mit Ihrer Achtsamkeit für dieses Energiegefühl langsam in den Rest des Körpers hinein aus.

Stellen Sie sich dieses Kribbeln vor Ihrem inneren Auge nun als Licht vor: Sie haben einen hell leuchtenden Lichtkörper. Stellen Sie sich vor, wie dieser Lichtkörper über die Grenzen Ihres physischen Körpers hinaus strahlt, wie eine Glühlampe über den Lampenschirm hinausleuchtet. Erlauben Sie sich ein Gefühl der Dankbarkeit für etwas, das Ihnen am Herzen liegt. Verbinden Sie dieses Gefühl mit den Strahlen Ihres Lichtkörpers. Stellen Sie sich vor, wie die Strahlen diese Information durch Ihren gesamten Körper hindurch in die Welt hinaustragen. Fühlen Sie, wie Sie Dankbarkeit in Ihren Zellen verkörpern. Und baden Sie einen Moment in diesem Gefühl.

Sollte Ihnen die Vorstellung eines Lichtkörpers nicht liegen, finden Sie einfach Ihre eigenen Bilder. Spielen Sie mit Ihren Gefühlen und Empfindungen. Tun Sie, was Ihnen hilft, um sich immer mehr mit einer Selbstwahrnehmung vertraut zu machen, die über Ihr begrenztes Alltagsselbst hinausgeht. Nutzen Sie die Mini-ida-Übungen, um sich spielerisch damit vertraut zu machen, dass es auch Ihr ida-, also Ihr Herzensselbst gibt, das mit dem reinen Potenzial, mit der Quelle allen Seins verbunden ist.

Allein diese neue Sicht auf sich selbst verändert bereits Ihr Leben. Wenn Sie die geführten Übungen auf der CD regelmäßig praktizieren, können Sie erleben, dass Sie in Wahrheit eins sind mit dieser Quelle. Dass Sie jenseits Ihrer gedanklichen Begrenzungen ida sind. Als Ihr ida-Selbst sind Sie reine, bedingungslose Liebe, die sich immerwährend ausdrückt und die liebt, was ist.

Ida liebt, was Sie sind. Idas Liebe ist nicht romantisch. Sie liebt nicht nur Ihre perfekten Seiten, sondern alles, worauf Sie Ihr Bewusstsein richten. Sie verbindet sich mit allem, was Sie ausstrahlen, und lässt es in Ihrem Leben Form annehmen.

Sind Sie bereit für den Quantensprung? Bereit, vom Opfer zum Schöpfer zu werden? Bereit, Ihr Bewusstsein zu erweitern und dessen bisherige Grenzen nach und nach zu »durchlöchern«, damit ein Austausch zwischen dem kleinen Teil Ihres Form gewordenen Bewusstseins und dem noch reinen Potenzial von ida möglich ist?

Dann machen Sie sich klar: Was Sie sehen, wenn Sie an sich herunterschauen, ist nicht mehr als ein Referenzpunkt Ihrer selbst. Es ist nur eine Ihrer Ausdrucksformen. Ihr Form gewordenes, begrenztes Selbst, das die Welt allein über seine Sinne wahrnimmt. Dieses Selbst erlebt, wie Ihr Partner sich von Ihnen abwendet oder Ihre finanzielle Sicherheit bedroht ist. Hier auf dieser Ebene ist ein Teil Ihres Bewusstseins in einem Problem oder einem Schmerz eingeschlossen.

Aber sobald Sie still werden und sich für die unsichtbare feinstoffliche Ebene öffnen, von der alles Leben durchwoben ist, finden Sie Zugang zu Ihrem höheren Selbst, das ida ist,

Ihr Herzensselbst. Dieses hat Zugang zum reinen Potenzial, das darauf wartet, neue Formen anzunehmen. Von hier aus können Sie jenseits Ihres Problems oder Ihres Schmerzes neue Formen schaffen. Durch Ihre bewussten Absichten laden Sie einfach den ida-Anteil Ihrer selbst ein, sich neu zu formen.

In Ihnen wird ida des Problems gewahr, allerdings aus einem Bewusstseinsraum jenseits dessen heraus. Dann kann das Bewusstsein Ihrer neuen Absicht folgen und das Problem lösen. Einfach weil es sich seiner bewusst wird und neues Bewusstsein anstelle des Problems fließt.

mini ida

Ich bin mehr

Wenden Sie sich in diesem Bewusstsein Ihrem Atem zu. Schließen Sie die Augen und nehmen Sie die innere Bewegung in Ihrem Körper wahr, die durch Ihren einströmenden Atem verursacht wird. Diesmal wechseln Sie die Perspektive: Stellen Sie sich vor, Sie sind Ihr Atem. Nehmen Sie den Fluss Ihres Atems in Ihrer Brust wahr und öffnen Sie sich ganz für diesen Fluss. Geben Sie all Ihre achtsame Wahrnehmung hinein. Öffnen Sie sich so sehr, dass Ihr gesamtes Bewusstsein mit dem Fluss Ihres Atems verbunden ist. Entspannen Sie sich in Ihren Atem hinein und nehmen Sie seine ganze Lebendigkeit wahr. Seien Sie diese Welle, die kommt und wieder geht.

Spüren Sie jetzt weiter mit geschlossenen Augen in Ihre Fingerspitzen hinein. Nehmen Sie das feine Kribbeln, das Energiegefühl dort wahr. Öffnen Sie sich ganz dafür. Seien Sie dieses feine Pulsieren. Seien Sie diese Energie.

Stellen Sie sich vor, Sie haben einen Lichtkörper. Und bleiben Sie einen Moment ganz in diesem offenen Bewusstsein ... Dann öffnen Sie langsam die Augen. Sie spüren den Boden unter Ihren Füßen und die Fläche, auf der Sie sitzen. Schauen Sie sich im Raum um und kommen Sie ganz in diesem Augenblick an.

WIE SIE MIT IDA ARBEITEN

Was guttut, ist richtig

Lassen Sie uns hier noch einen letzten Trockenlauf im Geist machen, bevor Sie sich den CDs zuwenden. Was ist Ihr Thema? Erinnern Sie sich noch, was Sie am Anfang des Buches aufgeschrieben haben? Was Sie für sich verändern möchten? Rufen Sie sich Ihr Problem, den Mangel, die Störung oder den Schmerz erneut ins Bewusstsein. Wenden Sie sich Ihrem Thema mit offenem Herzen zu. Stellen Sie sich vor, dass Sie es in Mitgefühl umarmen und zu sich zurücknehmen. Dass Sie es voll und ganz als Ihr eigenes Thema annehmen und es nicht länger auf jemanden da draußen projizieren.

Sagen Sie sich: Dieses Thema bereitet mir Schmerz, und ich möchte mich jetzt mit diesem Schmerz aussöhnen. Ich will meinen Frieden wiederfinden. Stellen Sie sich vor, wie Sie Ihren Schmerz und Ihr Problem ida zur Transformation übergeben. Dann beginnen Sie mit den CDs oder fahren in der Beschäftigung mit ihnen fort – und überlassen alles Weitere ida.

Zum Abschluss möchte ich Ihnen gerne noch einige Tipps zum Umgang mit dem ida-Prozess im Alltag geben. Außerdem liegt mir daran, einige meiner wichtigsten Erfahrungen aus den vergangenen Jahren mit Ihnen zu teilen und Sie mit möglichen – manchmal faszinierenden – Nebenwirkungen dieser inneren Arbeit vertraut zu machen.

Vieles im ida-Prozess ist erst einmal kaum wahrnehmbar. Ergebnisse kommen oft auf ganz anderen Wegen zu Ihnen, als Sie es bewusst geplant haben. Die Entwicklungen nehmen ihren ganz eigenen Lauf. Es geht eben nicht darum, dass Sie einen Veränderungsprozess »machen« müssten. Das Wichtigste ist: Halten Sie sich offen für Neues.

Oft begegnen Ihnen auf Ihrem Weg Menschen, die Ihnen Türen öffnen oder zur richtigen Zeit die richtigen Impulse geben. Wenn sich Ihre Absichten verwirklichen, bringen Sie den Wandel dann häufig gar nicht mehr mit Ihren ida-Übungen in Zusammenhang. Das liegt daran, dass Sie bei den geführten Übungen in einen offenen Trancezustand wechseln. Wenn Sie hinterher wieder hellwach sind, ist vieles Ihrem Alltagsbewusstsein entrückt. Dies bedeutet nicht, dass es aus Ihrem Energiefeld verschwunden wäre. Es ist aber zunächst nur innerlich spürbar, bevor es auch in Ihrem äußeren Leben sichtbar wird.

Diese Transformation ist meist ein stiller Prozess. Daher

sollten Sie sich angewöhnen, allen Veränderungen immer bewusst nachzuspüren. Wie geht es mir in den Stunden nach einer Übung? Wie die Tage danach? Seien Sie wach, sodass Sie auch kleine Regungen bemerken. Seien Sie vor allem nicht enttäuscht, wenn Ihnen erst einmal gar nichts anders erscheint. Denn diese Enttäuschung trägt die Energie der Ungeduld und des Zweifels in sich. Und beides stört den Reifungsprozess des Absichtssamens nur unnötig.

Um Ihrem Bedürfnis nach Kontrolle und Überblick trotzdem ein wenig Raum zu geben, können Sie ein Tagebuch führen, in dem Sie Ihre Absichten und Entwicklungen festhalten. Wenn Sie es später durchlesen, werden Sie sich bestimmt an der einen oder anderen Stelle wundern, was auf welch überraschenden Wegen dank Ihrer Absichten in Ihr Leben gekommen ist. Das ist meistens so mit ida.

Jede Kontrolle, fixe Idee, starre Technik und jedes Heiler-Ego stehen Ihnen nur im Weg. Bleiben Sie experimentierfreudig und geben Sie dem Prozess Raum für Überraschungen. Je weniger Sie eingreifen und je weiter Sie sich in den offenen Bewusstseinsraum und die stille Beobachtung begeben, desto wohliger baden Ihr Herz und Ihre Seele in Entspannung.

Wenn Ihre Seele aufblüht, freut sich Ihr Herz und der Körper entspannt sich – aber der Kopf wehrt sich. Für Ihren Verstand ist dieser ganze Prozess überflüssig, so als ob Sie ihm mitteilten, Sie wollten sich von ihm trennen und hätten sich in jemand anderen verliebt. Er beginnt vielleicht wild um sich zu schlagen und fährt die stärksten Geschütze auf: Glaub doch nicht an einen solchen Quatsch … Innere Führung … Stimme des Herzens … Denk doch mal nach: Was ist, wenn du die Kontrolle verlierst …?

Sie wissen ja: Kämpfen Sie nicht gegen die Stimme im Kopf und Ihre Ängste vor Kontrollverlust an. Nehmen Sie diese Kräfte achtsam wahr und setzen Sie Ihre Reise zu ida fort.

In der Übergangszeit haben Sie einmal das Gefühl, innerlich klar zu wissen, was Sie brauchen. Die Dinge sind wie von selbst im Fluss, ohne dass Sie große Kraftanstrengungen machen müssten. Ein anderes Mal lösen sich Probleme, die Sie vorher mit aller Anstrengung aus der Welt schaffen konnten, wie von selbst. Dann sind Sie wieder völlig verunsichert, werden von Ihren alten Ängsten heimgesucht und Ihr Kopf läuft auf Hochtouren. Dieses Hin und Her ist normal, bis Sie sich auf Ihrem neuen Weg sicher fühlen.

Nicht nur während des Übens, auch bei Ihren Alltagsaktivitäten werden Sie immer öfter die Dinge nur beobachten und einen friedvolleren Abstand zu ihnen einnehmen können. Und es gibt noch mehr Positives: So ist meine Familie, seit sie den Tag mit einem Bad in ida-Bewusstsein beginnt, selten bis gar nicht mehr krank. Wir haben um ein Vielfaches mehr Energie als früher und sind körperlich und geistig fitter. In unserem Familienleben ist eine Harmonie erblüht, die ich kaum in Worte fassen kann und für die ich von ganzem Herzen dankbar bin.

Aber das wirklich Spannende im Alltagsleben ist, dass sich im Feld der Informationen alles immer leichter von selbst überträgt. Je energiegeladener Sie werden, desto stärker breiten sich diese Energieinformationen in Ihrem Umfeld aus.

Klären und stabilisieren Sie Ihr Bewusstseinsfeld. Das ist das Wichtigste, was Sie für Ihr Leben und das der Menschen um Sie herum tun können.

Je sicherer Sie Ihr Feld aufrechterhalten können, desto besser kommen Sie im äußeren Leben zurecht. Denn Sie begegnen nicht überall Leuten, die zu Ihnen sagen: Ich hatte gerade Stress mit meinem Mann, da habe ich mich mal hingesetzt und mein Energiefeld geklärt. Im Büro, im Supermarkt, in der U-Bahn sind Sie nicht von schwingenden Herzen und Menschen umgeben, die gerade in ihr reines Bewusstsein eintauchen und regelmäßige Rendezvous mit ida haben.

Versuchen Sie gar nicht erst, die Menschen um Sie herum zu missionieren. Das schwächt Sie nur selbst und bringt die anderen dazu, genervt auf Abwehr zu gehen oder Ihnen einen Vogel zu zeigen. Jeder Druck und jedes Wollen stößt nach dem Gesetz der Resonanz die Menschen nur ab, die im Moment auf einer anderen Frequenz empfangen als Sie.

Räumen Sie Ihr Energiefeld auf. Das sorgt dafür, dass sich

auch Ihr Leben ordnet und anziehend wird für jene, die auch gerne aufgeräumt leben und aus dem Vollen schöpfen möchten. Für alle anderen, die im Moment noch in ihrem Schmerzkörper gefangen sind, ist ein neues Bewusstsein eher bedrohlich. Sie wissen, dass der Schmerzkörper es hasst, bewusst erkannt zu werden, sich aufbäumt und in Widerstand geht.

Lassen Sie jeden da, wo er steht, und gehen Sie den Weg Ihres Herzens. Mit Menschen, die ebenfalls ihrem Herzen folgen, wird Ihr Kontakt friedlicher, harmonischer und verbundener. Mit anderen werden Sie die gemeinsame Resonanz verlieren.

Hier geht es nur darum, was Sie ausstrahlen. Und ob jemand anderes für Ihre Sendung auf Empfang ist. Dadurch, dass Sie mit dem Übungsprogramm systematisch Ballast abwerfen, werden Sie durchlässiger und strahlender.

Ihr wachsendes Herzenslicht sorgt dafür, dass Menschen auf einmal besonders gerne in Ihrer Nähe sind, ohne dass sie dies erklären könnten. Und auch Sie fühlen sich von neuen Personen und Umständen angezogen, die »leuchten«, Sie ermächtigen und unterstützen und im Sinne der Resonanzgesetze mit Ihnen harmonieren.

Lernen Sie loszulassen, zu vertrauen und voranzugehen – auch wenn andere nicht mitgehen. Oft geschieht gerade dann bei einem Menschen eine Öffnung, wenn Sie ihn loslassen. Lassen Sie ihm seinen eigenen Schmerz, der ihn in Bewegung bringt.

Viele verbinden mit innerer Arbeit schwierige Meditationshaltungen, Kargheit und Selbstkasteiung. Doch in unserer Familie zum Beispiel ist alles erlaubt. Mein Mann sitzt im Schneidersitz auf dem Bett und lehnt mit dem Rücken an der Wand. Meine Tochter liegt gerne unter einer Decke auf dem Sofa oder Bett und ist bis an die Ohren zugedeckt. Ich habe einen Sessel, der so niedrig ist, dass ich meine kurzen Beine gut auf den Boden stellen kann, und der mir die perfekte Unterstützung für meinen Rücken bietet. Wenn ich unterwegs bin, lege ich mir einfach Kissen oder Bücher unter die Füße, wenn die Stühle zu hoch sind.

Alles, was Ihnen guttut, ist perfekt für ida. Sofern es nicht suchthaft, ablenkend oder kompensierend ist. Was Sie innerlich nährt, mit Energie versorgt und Ruhe erfüllt, ist wichtig und richtig. Die Übungen stärken Ihr Energiefeld und lassen Ihr natürliches Wesen deutlicher hervortreten. Da ist es wichtig, dass Sie in Ihrem Äußeren für Anpassung sorgen. Wir sind oft über Jahre daran gewöhnt, ein Leben in Selbstausbeutung und manchmal regelrecht in Selbstzerstörung zu leben.

Wenn Sie in Ihrem Inneren jetzt die Liebe wieder zulassen und Ihr Mitgefühl stärken, brauchen Sie auch äußere Räume, in denen Sie es sich gut gehen lassen. Seien Sie so wach wie möglich in Ihrem Alltag. Spüren Sie nach, was Ihnen unmittelbare Gefühle von Vitalität und Wohlsein verschafft. Es ist nur selten das, was einen hohen äußeren Stellenwert hat oder bei dem es um ein Ziel geht.

Ida-Tipps

1. Üben Sie so oft wie möglich – aber machen Sie es sich leicht und seien Sie spielerisch: hier ein paar bewusste Atemzüge, da ein bisschen »Füße fühlen«. Schütteln Sie sich in der Teeküche. Verbrennen Sie Ihren Schmerz nach dem Telefonat mit der Schwiegermutter. Und öffnen Sie Ihr Herz und fühlen Sie Dankbarkeit – morgens, mittags und abends. Dankbarkeit für den warmen Tee, für das schöne Lied im Radio, für Ihre Verrücktheit, dafür, dass Sie Dank sagen dürfen.

2. Fühlen Sie so oft wie möglich in sich hinein. Ida ist keine Utopie. Alles, wovon ich hier schreibe, kann in Ihr Leben treten, allerdings nur unter einer Bedingung: Sie sind wieder bereit zu fühlen. Ihre Hände, Ihr Essen, den Begrüßungskuss, das Wasser auf Ihrer Haut, die Energie eines Menschen, der in Ihre Nähe kommt, die Stimmung im Büro, Ihre Traurigkeit, Ihr Bedürfnis nach Zärtlichkeit. Nur wenn Sie sich im Fühlen üben, werden Sie wieder lebendig – aber natürlich auch verletzlicher.

Das Fühlen zu üben sollte zu Ihrer täglichen Praxis werden. Erinnern Sie sich daran, wo auch immer Sie gehen oder stehen: Was mache ich gerade, wie fühlt sich das an? Auch diese Übung müssen andere nicht bemerken. Sie können sie immer und überall machen. Und sie ist das A und O, um wieder wirklich präsent ins Leben zu kommen. Jetzt und hier.

3. Nehmen Sie sich Zeit für sich. Lernen Sie das Alleinsein lieben. Das ist die kostbarste Zeit, die Sie sich schenken können, um sich kennenzulernen, um loszulassen und aufzutanken. Im Laufe der Übungen werden Sie »durchlässiger«, feinsinniger und sensibler. Schritt für Schritt schaffen Sie eine Art bewusste Grundpräsenz in Ihrem Leben. Sie sorgt dafür, dass Sie mehr Gelassenheit spüren gegenüber dem, was ist, und weniger Drang, die Dinge verändern zu müssen. Doch Sie werden auch besser spüren, was Ihnen nicht guttut und was Sie so für ihr Leben nicht mehr wollen. Deshalb brauchen Sie Zeit allein zu Hause oder in der Natur, um sich zu klären und zu nähren. Sie werden nicht umhinkommen, neue Entscheidungen zu treffen: Gehe ich heute Abend aus oder bin ich mit mir? Treffe ich mich mit X oder Y oder mit ida? Sie brauchen einfach Zeit für sich, wenn Sie sich selbst kennenlernen wollen.

4. Erlauben Sie sich bewusste 5-Minuten-Pausen, auch wenn Sie erst einmal Widerstand spüren oder das Gefühl haben, keine Zeit zu haben. Holen Sie die Kopfhörer heraus oder machen Sie wenigstens eine kleine Übung, zum Beispiel »Füße-Fühlen«.

5. Tun Sie sich selbst gut. Aber machen Sie aus Ihren Vorsätzen keine neue Last. Wenn Sie sich bisher gar nicht bewegt haben, werden Sie nicht ab nächster Woche dreimal wöchentlich ins Fitnessstudio gehen. Fangen Sie mit einem Spazier-

gang oder mit fünf Minuten »Schütteln« an. So ist die Chance viel größer, dass Sie dabeibleiben und den Weg auch weitergehen.

6. Bauen Sie sich kleine Erinnerungen in den Alltag ein. Malen Sie sich abends ein n für »nährend« auf den Spiegel, falls Sie sich vom Tag genährt fühlen. Das sehen Sie gleich am nächsten Morgen und erinnern sich daran, dass es aufs Neue darum geht, sich gut zu nähren.

7. Spielen Sie. Die meisten von uns haben ein »Um-zu-Leben«. Alle unsere Handlungen sind nur noch darauf ausgerichtet, irgendein Ziel zu erreichen. Ständig stehen wir subtil unter Druck, irgendwo anzukommen. Das laugt Herz und Seele aus. Geben Sie dem Kind in Ihnen wieder Freiraum, in dem es spielen und staunen darf. Erlauben Sie sich, albern zu sein.

Wenn Sie Ihren Weg mit ida gefunden haben, können Sie den Raum ausdehnen, den Sie ihr in Ihrem Leben geben möchten. Wir nehmen uns wie gesagt mittlerweile fast jeden Morgen eine Stunde Zeit für ida, für Bewegung und Stille. Wenn Sie sich jetzt im Geiste fragen: Oh Gott, wann stehen die denn auf bei dem Programm? Natürlich stehen wir dafür relativ früh auf. Aber das war eine Entwicklung über Jahre. Unsere Morgengestaltung hat sich mit der Zeit ganz von selbst so entwickelt. Und sie entwickelt und verfeinert sich stetig weiter.

Selbstverständlich war die warme Bettdecke anfangs verlockend, aber heute genießen wir unsere morgendliche Zeit mit ida viel mehr als jede weitere Stunde Schlaf. Außerdem weiß ich inzwischen, wie unterschiedlich sich die Tage mit ida und ohne sie anfühlen. Und wie anders alles läuft, wenn ich es als Erstes innerlich bearbeitet habe. Und so ist dieser Tagesbeginn heute für mich eine Erleichterung und Erfüllung, für die ich von ganzem Herzen dankbar bin. Sicher wäre mir das vor Jahren wie die reine Folter am Morgen vorgekommen. Deshalb erlauben Sie sich Ihre eigene Entwicklung.

Auch unsere Tochter hat im Lauf der Zeit ihren Zugang zu ida gefunden. Wenn Sie Kinder haben, probieren Sie die Mini-idas mit ihnen aus. Wandeln Sie sie so ab, dass die Kinder neugierig darauf werden. Kinder haben oft einen leichteren Zugang zu inneren Bildern und zu Visualisierungen als wir Erwachsenen. Lassen Sie Ihr Kind nach einer Zeit auch ruhig die CD-Übungen ausprobieren. Wir haben unsere Tochter am Anfang ein, zwei Mal die Woche morgens fünf Minuten mit dazugenommen. Seitdem hat auch sie ihren Weg gefunden.

Und seien Sie kreativ bei der Frage, wo Sie ida treffen. Manchmal haben Sie eben nur fünf Minuten auf der Toilette. Manchmal haben Sie nur Ruhe beim Joggen allein im Wald. Ida ist es egal, wo Sie ihr begegnen. Ich nenne mein Auto scherzhaft »mein Meditationszentrum«. Wo habe ich schon so viel geschützten Raum für mich wie dort? Die meisten von uns können Auto fahren, ohne sich die ganze Zeit aufs Kuppeln oder Gasgeben konzentrieren zu müssen. Nutzen Sie diesen Raum für ida. Irgendwann habe ich angefangen, mir für längere Fahrten CDs von Eckhart Tolle ins Auto zu legen. Der Effekt war, dass ich nicht nur meinen Geist geschult habe. Ich stieg auch völlig entspannt und in mir verankert aus dem Auto.

Heute nutze ich selbst kürzere Fahrten oft, um bei Tolles Worten zwischen zwei Aktivitäten aufzutanken. Ich freue mich manchmal regelrecht, nach einem Termin in mein Auto steigen und dort einen geschützten Raum nur für mich haben zu können. Ich werde still, spüre mich und begegne ida. Manchmal, wenn ich mich innerlich ausgelaugt fühle, singe ich ganz bewusst im Auto. Dann spüre ich wirklich in meinem Körper, wie sich die Töne in ihm ausbreiten und alles schwingt. Oder ich mache eine Übung, in der es um das bewusste Fühlen geht, und breite meine Achtsamkeit im Körper aus.

Aber auch wenn Sie die U-Bahn nehmen, können Sie den Platz, auf dem Sie sitzen oder an dem Sie stehen, zu Ihrem Ruhe- und Rückzugsort machen. Nehmen Sie einfach die Audioübungen auf dem MP3-Player oder Ihrem Handy mit und setzen Sie Ihre Kopfhörer auf. Schon kann es losgehen mit der Entspannung.

Wo auch immer Sie sich befinden: Ida kennt weder zeitliche noch räumliche Grenzen. Gehen Sie ihr entgegen. Sie freut sich, Sie zu treffen.

Das CD-Übungsprogramm

CD 1

1 Mini-ida: Füße fühlen

2 Mini-ida: Abschalten und auftanken mit dem Atem

3 Mini-Bodyscan: Im Körper landen

4 Mini-Körper-ida: Stress abschütteln

5 Maxi-ida: Antworten und Lösungen im Inneren finden

6 Maxi-Bodyscan: Fest verankert und gut genährt sein

7 Maxi-Körper-ida: Raus aus dem Kopf und rein in den Körper

CD 2

1 Mini-ida: Herzensruhe

2 Mini-ida: Mit dem Atem und dem Leben verbunden sein

3 Mini-ida: Dankbarkeit tut gut

4 Maxi-ida: Mit Selbstliebe das Leben erneuern

5 Maxi-ida: Überholte Selbstbilder, Muster und Prägungen loslassen

6 Maxi-ida: Surfen – Öffnen – Heilung annehmen

Kurzbeschreibung der Übungen

CD 1

Auf dieser CD finden Sie vor allem Übungen, die Sie in Kontakt mit Ihrem Körper bringen. Sie helfen Ihnen, sich innerlich zu verankern und ersten Kontakt zu Ihrer inneren Führung aufzunehmen.

1 Mini-ida: Füße fühlen

Bei dieser Übung geht es darum, dass Sie mitten im Alltagstrubel schnell und spontan wieder inneren Halt und Ruhe finden.

Wenn es um Sie herum unruhig wird. Wenn Sie sich zum Essen an den Tisch setzen, aber eigentlich in Gedanken noch im Büro sind. Wenn es ans Hausaufgaben machen geht. Oder alle durcheinander reden. Wenn sich Anspannung anbahnt. Wenn Sie in der U-Bahn sitzen und es voll und eng ist. Mit dieser Übung können Sie in aller Kürze aus dem Trubel aussteigen und wieder bei sich landen.

2 Mini-ida: Abschalten und auftanken mit dem Atem

Diese Übung hilft Ihnen dabei, kurz inne zu halten und Ruhe und Entspannung zu finden.

Für einige Augenblicke beim eigenen Atem zu landen oder gar ein paar Minuten dem Atemrhythmus zu folgen, kann in allen möglichen Lebenslagen und Situationen hilfreich sein und den Stresspegel deutlich senken. Sie nehmen einfach eine kurze Atempause, um sich zu sammeln oder für einen Moment zur Ruhe zu kommen. Oder aus dem Gedankenkarussell auszusteigen und Klarheit im Geist zu finden. Diese Übung ist ideal, wenn Sie im Job oder in Ihrem Alltag viel um die Ohren haben, viel reden und viel im Kopf sind.

3 Mini-Bodyscan: Im Körper landen

Mit dieser Übung können Sie auch bei Stress und in Zeiten seelischer Belastung schnell wieder inneren Halt finden und von Gedanken loslassen.

Sie führt Ihre Aufmerksamkeit tiefer in Ihren Körper und hilft Ihnen, präsenter zu werden und gleichzeitig zu entspannen. Diese Übung ist eine kleine Wunderwaffe, weil Sie Ihr Selbstgefühl stärkt und Ihnen Halt gibt. Weil Sie sie wirklich überall und völlig unbemerkt machen können und sie nur einige Augenblicke dauert. Bei regelmäßiger Praxis werden Sie sehen, wie Sie besser verankert sind und Ihre Wahrnehmung für Ihren Körper sich verfeinert.

4 Mini-Körper-ida: Stress abschütteln

Bei dieser Übung können Sie aktiv Stress und Verspannung aus Ihrem Körper lösen.

Dies ist eine kleine Bewegungsübung, wenn nicht viel Zeit da ist. Sie hilft, wenn Sie müde sind und nach Bewegung suchen. Wenn Sie kurz mal Energie auftanken wollen. Oder wenn Sie körperliche Entspannung suchen und Stress loslassen wollen. Tiere wissen, was heilt und gut tut. Nach stressigen Situationen schütteln sie ihre angesammelte Spannung im Körper einfach ab. Machen Sie es ihnen nach: Folgen Sie der Musik und den Anleitungen in dieser Übung und schütteln Sie Ihren Körper am Morgen nach dem Aufstehen oder nach einem langen Tag für einige Minuten aus. Das ist eine Wohltat und eine große Entlastung für Ihr ganzes System.

5 Maxi-ida: Antworten und Lösungen im Inneren finden

Mit Hilfe dieser Übung können Sie Antworten und Führung in Ihrem Inneren finden.

Sie suchen nach Antworten auf eine wichtige Frage ... Etwas in Ihrem Leben hat Klärungsbedarf ... Sie möchten herausfinden, was Ihr ureigener Weg ist ... Dann ist dies die richtige Übung. Sie führt Sie durch einen Erkenntnisprozess, in dem Sie lernen, sich mit Ihrer inneren Führung, Ihrem Herzensselbst und mit ida zu verbinden. Sie werden Antworten aus sich selbst heraus finden, die Sie in Ihrem Leben weiter und zu den für Sie passenden Lösungen führen.

6 Maxi-Bodyscan: Fest verankert und gut genährt sein

Bei dieser Übung geht es darum, dass Sie sich fest in sich selbst verwurzeln und von innen heraus kräftigen.

Sie leiden unter Verspannungen oder Schmerzen, fühlen sich taub oder unruhig. Sie sehnen sich nach mehr eigenem

Raum oder mehr Zuwendung. Sie möchten Ihre Feinfühligkeit und Ihre Präsenz steigern. Dann ist das die richtige Übung. Wenn Sie Ihrem Körper regelmäßig eine Zeit voller Achtsamkeit und liebevoller Zuwendung schenken, aktiviert das Ihre inneren Heilkräfte und sorgt für tiefe Entspannung nicht nur auf muskulärer, sondern auch auf zellulärer und emotionaler Ebene. Dies ist eine Übung, die Sie auf vielen Ebenen stärkt, entspannt und Heilungsprozesse unterstützt.

7 Maxi-Körper-ida: Raus aus dem Kopf und rein in den Körper

Mit dieser Übung lernen Sie, Ihren Körper besser wahrzunehmen und ihn von Spannungen und Verhärtungen zu befreien. Sie hilft, aus dem Kopf in Ihr Herz zu kommen und tief loszulassen.

Dies ist die große Bewegungsübung, um Körper, Herz und Seele einfach mal frei zu lassen und alles von sich abzuschütteln, was belastet oder anspannt. Die angeleitete Bewegung zur Musik holt die Energie aus dem Kopf in den Körper. Sie zeigt Ihnen, wie Sie die Impulse und Bedürfnisse in Ihrem Körper besser wahrnehmen, seinem eigenen Rhythmus folgen und Spannungen lösen. Die Übung hilft Ihnen, wieder in Ihre Kraft zu finden, von emotionalen Belastungen loszulassen und Ihre inneren Energien wieder in Bewegung zu bringen.

CD 2

1 Mini-ida: Herzensruhe

Diese Übung, hilft Ihnen, sich mit Ihrem Herzen zu verbinden und für inneren Frieden und Harmonisierung zu sorgen. Sie leitet Sie an, Ihre Selbstliebe aktiv zu stärken, mehr in Einklang mit sich selbst zu kommen und von innen heraus für Verbundenheit zu sorgen.

2 Mini-ida: Mit dem Atem und dem Leben verbunden sein

Diese Übung hilft Ihnen, sich in die größere Dimension von ida zu öffnen. Sie hilft Ihnen kurz und tief zu entspannen und sich mehr mit dem Leben und dem natürlichen Fluss in allen Dingen verbunden zu fühlen.

3 Mini-ida: Dankbarkeit tut gut

Diese Übung hilft Ihnen, mehr und mehr aus dem Herzen heraus zu leben und mit der Energie der Dankbarkeit das in Ihr Leben zu bringen, wonach Sie sich sehnen. Sie zeigt Ihnen, wie Sie sich bewusst in Dankbarkeit üben und sich so für Wandel und Erneuerung öffnen.

4 Maxi-ida: Mit Selbstliebe das Leben erneuern

Diese Übung hilft Ihnen, sich mit Ihrem Herzensselbst zu verbinden, Ihr Potenzial zu entdecken und im Alltag zu entfalten.

Sie führt Sie zu kraftvollen Ebenen Ihrer Selbst, die Sie vielleicht lange verdrängt oder nie wahrgenommen haben. Sie stärkt Ihr Selbstwertgefühl und gibt Ihnen ausreichend Raum, um von innen und aus eigener Kraft für tieferen Wandel und mehr Erfüllung in Ihrem Leben zu sorgen.

5 Maxi-ida: Überholte Selbstbilder, Muster und Prägungen loslassen

Bei dieser Übung geht es darum, vertraute, aber nicht mehr hilfreiche Selbstbilder zu transformieren und Blockaden in Alltagsleben, Beziehung und Beruf zu überwinden. Sie zeigt Ihnen, wie Sie sich mit Ihrem Herzensselbst verbinden, und so aus eigener Kraft und mit Ihrer inneren Weisheit Blockaden, einschränkende Muster, nicht mehr dienliche Gewohnheiten und Prägungen entdecken. Sie lernen sie loszulassen, damit sie Ihnen auf dem Weg zur Entfaltung Ihres Potenzials und zur Heilung Ihres Lebens nicht mehr im Wege stehen.

6 Maxi-ida: Surfen – Öffnen – Heilung annehmen

Diese Übung ist hilfreich, wenn Sie körperlichen oder emotionalen Schmerz erleiden und in negativen Gedankenspiralen festhängen. Sie hilft, Schmerzen und Blockaden zu lösen und für Fluss im inneren Energiefeld zu sorgen, um so wieder Fluss und neues Potenzial in Ihr gesamtes Leben zu bringen. Sie lässt Sie erfahren, dass Annahme und achtsame, liebevolle Hingabe weitaus heilsamer sein können als jedes aktive Machen.

Ida-Gebrauchsanleitung

Aus jahrelanger Erfahrung mit diesen Übungen, aber auch, weil ich die Bequemlichkeit, die Abwehr und den inneren Schweinehund nur zu gut kenne, möchte ich Ihnen einige Vorschläge zur Handhabung mitgeben, damit Ihr ida-Prozess auch wirklich funktioniert.

Sitzen oder Liegen?

Grundsätzlich taucht immer wieder die Frage auf: Sitzen oder liegen? Sitzen ist am Anfang meist die bessere Position. Weil das Sitzen Ihnen hilft, wach, bewusst und präsent zu bleiben. Gerade wenn Sie noch ungeübt sind oder sich sehr erschöpft und gestresst fühlen, sollten Sie sich eine bequeme, aber aufrechte Sitzposition suchen.

Vom Liegen rate ich vorerst ab, weil hier gerade am Anfang die Wahrscheinlichkeit groß ist, dass Sie wegdösen und einschlafen.

Liegen ist dann auch anfangs sinnvoll, wenn Sie mit körperlichem Schmerz arbeiten, wenn Sie sehr unruhig sind und partout nicht abschalten können. Dann bringen die ida-Übungen im Liegen Sie leichter in die Entspannung, stärker in Ihren Körper und tiefer in die Ruhe.

Wenn Sie sich sicher und geübt fühlen und gut präsent bleiben können, dann sollten Sie bei der Frage der richtigen

Position Ihrer Intuition folgen und spontan entscheiden, ob Ihnen gerade Sitzen oder Liegen gut tut.

Wann ist die richtige Zeit?

In der Zeit gleich nach dem Aufwachen oder direkt vor dem Einschlafen sacken die Dinge tiefer in Sie hinein und verwurzeln sich daher fester in Ihrem Unterbewusstsein. Von daher sind der frühe Morgen und der Tagesausklang immer gute Zeiten für die ida-Übungen. Wenn Sie bereits gut in der Lage sind, wach und präsent zu bleiben, können Sie morgens oder abends auch mal unter der Bettdecke die Kopfhörer aufsetzen und so bewusst vom Tag loslassen und entspannt in die Nacht gleiten. Oder sich morgens bewusst auf den Tag einstimmen und Körper und Geist innerlich aktivieren und ausrichten.

Wenn Sie aber leicht wegdösen, dann heißt es morgens lieber »raus aus den Federn«, bevor Sie eine ida-Übung machen. Da ist es oft sogar sinnvoll, sich erst einen Moment zu bewegen, um wach zu werden.

Wir haben ein kleines Trampolin zuhause. Wenn wir merken, dass wir schläfrig oder schlapp sind, dann hüpfen wir einfach vor einer ida-Übung einige Minuten auf dem Trampolin herum. Dabei kann man den Körper lösen und den Kreislauf angenehm in Gang bringen. Und man kann die Bewegung mit der bewussten Absicht verbinden, alles abzuschütteln und loszulassen. Wenn Sie kein Trampolin haben, dann können Sie einfach auch

- eine Bewegungs-ida vor einer ruhigen ida-Übung machen,
- sich einen Moment schütteln und hüpfen,
- ein Lied lang tanzen,
- Seil springen,
- einmal die Treppe im Haus rauf und runter laufen,
- das Gesicht mit kaltem Wasser waschen.

Die innere Haltung: In der Sonne sitzen

Damit die Übungen ihre volle Wirksamkeit entfalten, ist es nicht nur wichtig, die richtige äußere, sondern auch eine empfängliche, innere Haltung zu finden. Malen Sie sich aus, Sie würden in der Sonne sitzen und ihre angenehme Wärme auf der Haut spüren oder sich bräunen wollen. Probieren Sie es einfach mal aus: Setzen Sie sich irgendwo bequem hin, schließen Sie die Augen und stellen Sie sich vor, die warme Sonne würde Sie bescheinen. Saugen Sie in Ihrer Vorstellung jeden Sonnenstrahl auf. Spüren Sie nach, wie Ihr ganzer Körper auftankt und sich der Sonne öffnet. Diese offene innere Haltung ist die richtige, um die Übungen auf den CDs anzuhören.

Erst Mini, dann Maxi

Beginnen Sie Ihr Übungsprogramm mit den Mini-idas. Testen Sie die eine oder andere, bis Sie sagen: »Ja, die ist für mich gerade jetzt in dieser Situation, in diesem Moment richtig! Mit der werde ich mich jetzt beschäftigen!« Dann widmen Sie sich dieser Mini-ida eine Woche lang und integrieren Sie sie in Ihren Alltag. Praktizieren Sie sie am besten täglich. Und am allerbesten zur gleichen Zeit. Sie wissen ja nun: Morgens und abends ist gut. Oder Sie gönnen sich eine oder zwei Pausen am Tag mit dieser Mini-ida.

Zieht Sie eine Mini-ida aus dem Buch besonders an, dann können Sie diese auch selbst aufnehmen und genauso wie die fertig vertonten Idas anhören. Oder Sie lesen sich mit Ihrem Partner gegenseitig eine Mini-ida Ihrer Wahl vor. Das kann ein verbindendes Ritual und ein herrlicher, liebevoller Einstieg in oder Ausstieg aus dem Tag sein und benötigt doch nur ein paar Minuten Ihrer Zeit.

Zu welcher Zeit auch immer und in welcher Konstellation – experimentieren Sie einfach eine Woche mit einer Mini-ida herum, bis Sie das Gefühl haben, Sie sind gut mit ihr verbunden und der Inhalt der Übung beginnt sich in Ihnen zu entfalten. Dann suchen Sie sich die nächste Mini-ida und experimentieren mit dieser.

Wenn Sie dann eine Zeitlang mit den Idas herum experimentiert haben, werden Sie sehen, dass Sie immer leichter und immer schneller nach innen kommen. Das Nach-Innen-

Gehen wird Ihnen ganz selbstverständlich zur zweiten Natur. Sie stellen vielleicht sogar fest, dass Ihre bisherige Außenfokussierung viel weniger Ihrem eigentlichen Wesen entspricht als die innere Verbindung. Irgendwann können Sie Ihren Alltagsaktivitäten nachgehen und dabei gleichzeitig mit sich selbst innerlich verbunden bleiben, sodass Sie Ihre Grenzen und Ihre Bedürfnisse auch in unruhigen Zeiten und herausfordernden Begegnungen gut wahrnehmen.

Laden Sie die Unruhe ein

Sie fragen sich: Aber was ist, wenn um mich herum Lärm ist, keiner Rücksicht nimmt, der Wasserhahn tropft oder im Nachbarzimmer die Kinder toben? Natürlich ist es am Anfang das Beste, wenn Sie sich einen ruhigen, wohlriechenden, freundlichen, hellen Raum mit einer bequemen Sitzmöglichkeit suchen, in dem Sie für die Zeit Ihrer Praxis völlig ungestört sind. Aber wenn Sie diesen Raum gerade nicht haben, dann ist es das Beste, die Störenfriede innerlich einzuladen, statt sich gegen sie zu stellen.

Wenn der Wasserhahn tropft, die Kinder lärmen oder das Telefon läutet – beziehen Sie die Störungen und Geräusche und auch das, was sie in Ihnen auslösen, in Ihre Übung mit ein. Wenn innere Spannungen auftauchen oder Außengeräusche Sie stören, bleiben Sie offen und gehen Sie nicht in den Widerstand. Das macht die Störungen nur störender. Laden

Sie das, was Sie stört, stattdessen ein. Nehmen Sie es bewusst und aufmerksam wahr, mit der inneren Haltung, dass es sein darf. Dass Sie aber jetzt trotzdem weiter üben. Konzentrieren Sie sich dann wieder auf Ihre eigentliche Übung. Sie werden sehen, mit etwas Übung treten Störenfriede so in den Hintergrund. Und mit der Zeit werden Sie überrascht sein, unter welchen Bedingungen Sie mittlerweile zur Ruhe kommen können.

Wenn die Gedanken abschweifen – was dann?

Seien Sie sich sicher: Ihre Gedanken werden abschweifen! Garantiert und immer wieder! Das liegt in der Natur der Gedanken. Also machen Sie sich keine Vorwürfe, wenn Sie sich am Anfang nicht so konzentrieren und vertiefen können, wie Sie es gerne würden. Wie ein Wildpferd an den Sattel muss auch unser unruhiger Geist erst mal daran gewöhnt werden, in die Ruhe und nach innen zu gehen. Wenn Sie bemerken, dass Sie plötzlich über den Einkaufszettel nachdenken statt Ihrem Atem zu folgen oder Ihre Füße zu fühlen, dann kommen Sie einfach wieder zurück – OHNE sich Vorwürfe zu machen. Wenn Sie mit sich hadern, bringt Sie das nur noch weiter aus der Übung raus und rein in den Schmerzkörper.

Es gibt solche und solche Tage

Sie werden sehen. An manchen Tagen erleben Sie geradezu Glückseligkeit, wenn Sie nach innen gehen. Sie merken, wie Sie immer leichter immer tiefer gehen. Wie Sie sich entspannen, wie selten zuvor. Wie Sie erfüllt sind von Dankbarkeit und Frieden. Und dann – geht auf einmal gar nichts mehr. Sie sind unruhig. Schweifen ab. Finden die Übungen blöd. Kommen nicht mal rein. Auch das ist normal. Die innere Arbeit ist nichts Statisches. Sie verändert sich und bewegt sich mit Ihrem Leben. Manchmal wird es unruhig, wenn Sie kurz davor stehen, sich für neue Ebenen Ihres Lebens zu öffnen oder etwas Altes zu verabschieden. Ich kann Ihnen aus eigener Erfahrung versichern: Eine Übung ist nie die gleiche. Es gibt Übungen, die habe ich schon hunderte Male über Jahre hinweg gemacht. Und sie entfalten immer wieder neue Erfahrungsräume und Qualitäten. Wenn es also hakt oder sich verändert, dann vertrauen Sie in den Prozess.

Kampf statt Frieden

Wenn Sie die Übungen regelmäßig und hingebungsvoll praktizieren, kann sich manchmal eine Phase einstellen, in der es nicht nur hakt, sondern in der es sich anfühlt, als ob Sie in den Krieg ziehen. Ängste stellen sich vor, nach oder während der Übungen ein. In Ihrem Körper verspannt sich alles. Alte Erinnerungen tauchen auf. Ihre Gefühle scheinen mit Ihnen

Achterbahn zu fahren. Das kann ein Zeichen dafür sein, dass Sie mit Ihrer Arbeit in unbewusste Gefilde innerhalb Ihrer 96 Prozent vorgestoßen sind, die Sie bisher verdrängt haben. Sie kommen nun an die Oberfläche, um von Ihnen angenommen und geheilt zu werden. Es kann sein, dass Ihr Schmerzkörper sich aufbäumt und in Widerstand geht, weil er Angst hat, dass es für ihn in Ihrem Leben keinen Platz mehr gibt. Vergessen Sie nicht: Der Schmerz hat genauso Angst zu sterben wie alles andere auch. In solchen Phasen sollten Sie besonders präsent und wach bleiben. Da geht es mehr denn je darum, die Ängste und Blockaden bewusst und liebevoll anzunehmen, und gleichzeitig zu wissen: Hier ist der Schmerz – und dort bin ich. Sie werden sehen: Mit Geduld und Mitgefühl öffnet sich der Widerstand und neue Kräfte, mehr Frieden und Energie fließen Ihnen zu.

Nun ist es an der Zeit, dass Sie mit Ihren Übungen beginnen und in die Welt von ida eintauchen. In eine Welt von unbegrenztem Potenzial. Eine Welt, in der durch Ihre stille, innere Achtsamkeit all das wach geküsst werden kann, wonach Sie da draußen suchen. Eine Welt, in der Sie entdecken können, dass Präsenz das wahre Lebenselixier ist.

Alle Mini-ida-Übungen auf einen Blick

TRANSFORMATION IST KEIN LUXUS – NACHWORT

Wir alle tragen unbegrenzte Möglichkeiten in uns, um ein erfülltes Leben zu leben und dieser Welt etwas zu geben, das sie lebenswerter und liebevoller macht. Wir benötigen dazu nichts, das wir mit Geld bezahlen müssten oder nur mit besonderer Bildung erreichen könnten. Wir müssen nur wieder lernen, unser Leben aus seiner vollen Tiefe zu leben.

Es ist an der Zeit, aufzuwachen aus einem begrenzten Bewusstsein, das uns glauben lässt, wir wären vor allem dazu da, irgendeinem vorgegebenen Programm zu entsprechen, Pflichten zu erfüllen und Leistungen zu erbringen.

In Wahrheit sind wir dazu da, unser wahres Potenzial zu entdecken und uns in allen wichtigen Lebensbereichen wie Beziehung, Beruf, Gesundheit, Kreativität und Sexualität zu entfalten. Diese Zeit hält faszinierende, neue Wege wie noch nie bereit, uns bei dieser Entfaltung zu unterstützen und den dafür nötigen Wandel in unserem Bewusstsein einzuleiten.

Für mich ist dieser Prozess kein Selbstzweck. Und ida kein

spiritueller Exkurs in höhere Sphären. Ich freue mich von Herzen, wenn auch Sie durch diesen Prozess in aller Stille Ihre alten Begrenzungen überwinden und mehr von Ihrem Potenzial entfalten können. Wenn Sie ida in ihrer unendlichen Güte und Weisheit auch in sich selbst entdecken und mit ihrer Hilfe mehr Fülle und Lebendigkeit in Ihr Leben und in Ihre persönliche Entwicklung bringen.

Aber vor allem freue ich mich über das Erwachen, das ida in unser aller Leben bringt, weil ich glaube, dass persönliche Entfaltung und die Transformation unserer alten Weltsicht dringend für unsere Gemeinschaft nötig sind.

Wenn Sie Ihr Leben in die Balance bringen, dann geht das über auf Ihre Kinder und die Menschen in Ihrer Nähe. Wir alle um Sie herum werden durch Ihr Leben ermutigt, auch unser Leben zu erweitern und zu ermächtigen und unser Potenzial, unsere Lebensfreude und Lebendigkeit zu entfalten. Und das sorgt für den dringend notwendigen Wandel auf unserem Planeten.

Ich bin mit Eckhart Tolle, dem ich dieses Buch unter anderem gewidmet habe, eins, wenn er sagt:

> Die Transformation des menschlichen Bewusstseins ist, salopp ausgedrückt, kein Luxus mehr, der nur wenigen Menschen hier und da vergönnt wäre, sondern eine Notwendigkeit, wenn die Menschheit sich nicht selbst zerstören will. *(Stille spricht)*

Ich glaube, der ida-Prozess funktioniert nicht nur bei wenigen Menschen hier und da. Er ist für alle da. Trauen Sie sich, werden Sie still, lassen Sie Wandel zu. Und wandeln Sie mit Ihrem Wandel die Welt um Sie herum.

Literatur

Chödrön, Pema: *Den Sprung wagen,* München: Arkana 2010

Childre, Doc und Howard Martin: *Die HerzIntelligenz-Methode,* Kirchzarten: VAK Verlag 2010

Eßwein, Jan Thorsten: *Achtsamkeitstraining,* München: Gräfe und Unzer 2010 (Buch mit CD)

Gukerle, Siegfried: *You! Endlich glücklich,* München: You! Life Productions 2010 (Buch- und CD-Fassung)

Hollerbach, Lothar: *Der Quanten-Code,* Berlin, München: Trinity 2010

Kornfield, Jack: *Meditation für Anfänger,* München: Arkana 2005 (Buch- und CD-Fassung)

Mannschatz, Marie: *Meditation,* München: Gräfe und Unzer 2010 (Buch mit CD)

Ruhnke, Amiyo und Anando Würzburger: *Body-Wisdom,* München: Droemer Knaur 1997

Tolle, Eckhart: *Jetzt!,* Bielefeld: Kamphausen 2010

Tolle, Eckhart: *Eine neue Erde,* München: Arkana 2010 (Buch- und CD-Fassung)

Tolle, Eckhart: *Stille spricht. 50 Inspirationskarten,* München: Arkana 2003

Tolle, Eckhart: *Leben im Jetzt,* München: Arkana 2002 (Buch- und CD-Fassung)

Kinslow, Frank: *QuantenHeilung. Wirkt sofort und jeder kann es lernen,* Kirchzarten: VAK 2009

Wolfram
Zurhorst
Der
Beziehungs-
Retter
WIE SIE EINFACH
ÜBERRASCHENDE
LÖSUNGEN FINDEN
arkana

Übersicht der Übungen auf der CD

1 Mini-ida: Füße fühlen (03:05)
2 Mini-ida: Abschalten und auftanken mit dem Atem (06:32)
3 Mini-Bodyscan: Im Körper landen (06:30)
4 Mini-Körper-ida: Stress abschütteln (05:13)
5 Maxi-ida: Antworten und Lösungen im Inneren finden (12:32)
6 Maxi-Bodyscan: Fest verankert und gut genährt sein (17:21)
7 Maxi-Körper-ida: Raus aus dem Kopf und rein in den Körper (09:42)
8 Musik zum Stress abschütteln I (04:22)
9 Musik zum Stress abschütteln II (01:45)
10 Mini-ida: Herzensruhe (06:12)
11 Mini-ida: Mit dem Atem und dem Leben verbunden sein (06:06)
12 Mini-ida: Dankbarkeit tut gut (07:02)
13 Maxi-ida: Mit Selbstliebe das Leben erneuern (17:52)
14 Maxi-ida: Überholte Selbstbilder, Muster und Prägungen loslassen (15:07)
15 Maxi-ida: Surfen – Öffnen – Heilung annehmen (16:40)

Gesamtspielzeit: 135,61